Ação Civil Pública

ALCANCE E LIMITES DA ATIVIDADE JURISDICIONAL

M827a Moraes, Voltaire de Lima
Ação civil pública: alcance e limites da atividade jurisdicional / Voltaire de Lima Moraes. – Porto Alegre: Livraria do Advogado Editora, 2007.
165 p.; 23 cm.

ISBN 978-85-7348-508-0

1. Ação civil pública. 2. Ação civil pública: Função jurisdicional. I. Título.

CDU – 347.922

Índices para o catálogo sistemático:
Ação civil pública

(Bibliotecária responsável: Marta Roberto, CRB-10/652)

VOLTAIRE DE LIMA MORAES

Ação Civil Pública
ALCANCE E LIMITES DA ATIVIDADE JURISDICIONAL

Porto Alegre, 2007

© Voltaire de Lima Moraes, 2007

Capa, projeto gráfico e diagramação
Livraria do Advogado Editora

Revisão
Rosane Marques Borba

Direitos desta edição reservados por
Livraria do Advogado Editora Ltda.
Rua Riachuelo, 1338
90010-273 Porto Alegre RS
Fone/fax: 0800-51-7522
editora@livrariadoadvogado.com.br
www.doadvogado.com.br

Impresso no Brasil / Printed in Brazil

Agradecimentos

A Deus, por ter me dado saúde e força para realizar e terminar este trabalho.

À Vera Regina, permanente companheira de lutas e conquistas, e aos queridos filhos, Daisana e Giliano, pelo indispensável suporte familiar.

Aos meus pais, Vantuil e Therezinha, sempre presentes, pela educação que me transmitiram.

Ao Professores Juarez Freitas e Ingo Wolfgang Sarlet, colegas de magistério na Faculdade de Direito da PUCRS, pela convivência e momentos de reflexão.

Ao Prof. José Maria Rosa Tesheiner, também da Faculdade de Direito da PUCRS, e meu mestre desde a Faculdade de Direito da UFRGS, o reconhecimento especial pelos momentos de elevada meditação e sugestões transmitidas.

Prefácio

Com esta obra *Ação Civil Pública – alcance e limites da atividade jurisdicional*, Voltaire de Lima Moraes obteve o título de Doutor em Direito, o que por si só diz do cuidado e da profundidade com que foram examinados os temas nela tratados.

Outra circunstância, a chamar a atenção para este livro, é o currículo do Autor, com vivências estreitamente ligadas ao tema da ação civil pública.

Autor de artigos sobre Processo Civil, Direito do Consumidor e Meio Ambiente; organizador de "Ministério Público, Direito e Sociedade" (Porto Alegre: Sérgio Fabris, 1986); co-autor de "Comentários ao Código do Consumidor" (Rio de Janeiro: Forense, 1992) e de "Ação civil pública – Lei 7.347/85 – Reminiscências e Reflexões após dez anos de aplicação" (Édis Milaré, coordenador. São Paulo: Revista dos Tribunais, 1995) e de "Ação civil pública – Lei 7.347/85 – 15 anos" (Édis Milaré, coordenador. São Paulo: Revista dos Tribunais, 2001), "A Ação Civil Pública após 20 anos: efetividade e desafios" (Édis Milaré, coordenador. São Paulo: Revista dos Tribunais, 2005), o Autor alia sua condição de escritor à de homem de ação, tendo sido Promotor e Procurador de Justiça, Presidente da Associação do Ministério Público do Rio Grande do Sul, Presidente da Confederação Nacional do Ministério Público, Procurador-Geral de Justiça do Estado do Rio Grande do Sul (por dois mandatos) e Presidente do Conselho Nacional dos Procuradores-Gerais de Justiça.

Há que se mencionar ainda seu livro "Das preliminares no processo civil" (Rio de Janeiro: Forense, 2000) e sua condição de Professor de Direito Processual Civil na Faculdade de Direito da PUC-RS e na Escola Superior da Magistratura, de Direito do Consumidor no Curso de Pós-Graduação em Direito Empresarial, na PUC-RS, de Tutela Processual Civil do Ambiente no Curso de Pós-Graduação em Direito Ambiental, na PUC-RS, Juiz de Alçada (1997-1998) e de Desembargador do Tribunal de Justiça do Estado do Rio Grande do Sul.

São vivências múltiplas, com que o tempo o moldou, para tratar com mão de mestre este tema tão atual e de importância crescente que é a ação civil pública proposta pelo Ministério Público.

Reside aí, nessa restrição à iniciativa Ministério Público, a mais fácil crítica que se possa fazer à obra. Trata-se, porém, de uma opção não só admissível, como bem justificada. O Autor quis focar sua atenção na ação iniciada pelo Ministério Público, único, aliás, legitimado a promover o inquérito civil, cujas conseqüências práticas não podem ser ignoradas. Ademais, "não é pelo fato de o legislador ter ampliado os legitimados ativos para a propositura da ação a que se refere a Lei n° 7.347/85 que se abandonará o conceito originário de ação civil pública, levando em conta a qualidade da parte que a promove: o Ministério Público. Tanto é assim que a terminologia ação civil pública somente é encontrada, na Constituição Federal, quando se trata das funções institucionais do Ministério Público".

Instrumento de investigação do Ministério Público, o inquérito civil tem natureza administrativa e caráter inquisitório – diz o Autor – não se submetendo, assim, aos princípios do contraditório e da ampla defesa, o que não o torna imune ao controle jurisdicional, sobretudo através de mandado de segurança, havendo ilegalidade ou abuso de poder; o compromisso de ajustamento tem a natureza de transação atípica, donde a dupla conseqüência de sujeitar-se ao exame judicial de sua conformidade com a Lei, para fins de homologação, e do cabimento de ação rescisória – e não, de ação anulatória – da decisão homologatória.

Sustenta, ainda, o Autor a legitimidade do Ministério Público para defender em juízo direitos individuais homogêneos, ainda que não se configure relação de consumo, havendo interesse social, caracterizado pela relevância da das questões debatidas ou pelo grande número de lesados. É uma solução que se contrapõe à multidão de ações individuais, com seus corolários do abarrotamento dos tribunais e das decisões díspares.

De relevo, ainda, o tracejamento dos limites da jurisdição em face dos demais Poderes, a caracterização da atividade desenvolvida na ação civil pública como jurisdicional diferenciada, e sua conexão com os direitos fundamentais.

Com enfoques inovadores, esta obra de Voltaire de Lima Moraes assenta um marco para novos desdobramentos da ação civil pública.

José Maria Tesheiner

Professor dos Cursos de Pós-Graduação em Direito da PUCRS

Sumário

Introdução 13
Parte I – Gênese, conceito, evolução e classificação da Ação Civil Pública 17
  1. Gênese da Ação Civil Pública 17
  2. Conceito de Ação Civil Pública 18
  3. Ação Civil Pública e Ação Coletiva 23
  4. Evolução da Ação Civil Pública no Direito Positivo Brasileiro 25
  5. Classificação da Ação Civil Pública quanto ao plano
    topográfico-normativo 35
    5.1. Ações Civis Públicas constitucionais 35
    5.2. Ações Civis Públicas infraconstitucionais 35
      5.2.1. Ação Civil Pública matriz 35
      5.2.2. Ações Civis Públicas derivadas 36
      5.2.3. Ações Civis Públicas inominadas 37

Parte II – A fase pré-processual da Ação Civil Pública 39
  1. Do inquérito civil 39
    1.1. Origem e conceito 39
    1.2. Natureza jurídica 42
    1.3. Controle interno 44
    1.4. Controle jurisdicional 47
  2. Do compromisso de ajustamento 48
    2.1. Origem e evolução 48
    2.2. Conceito 49
    2.3. Formas de realização 49
    2.4. Natureza jurídica 50
    2.5. Compromisso de ajustamento legal 51
    2.6. Compromisso de ajustamento ilegal 51
  3. Considerações complementares 52

Parte III – Críticas e elogios à Ação Civil Pública 55
  1. Críticas 55
    1.1. Quanto à legitimidade ativa 55
    1.2. Quanto ao uso abusivo 59

2. Elogios 61

    2.1. Instrumento de exercício da cidadania 61

    2.2. Primeiro instrumento efetivo de tutela de novos interesses: difusos e coletivos 63

Parte IV – Interesses e direitos tutelados mediante Ação Civil Pública 65

1. Interesses e direitos quanto a sua natureza individual ou coletiva 65

2. Direitos fundamentais 66

    2.1. Considerações Iniciais 66

    2.2. Gênese, evolução e conceito 67

    2.3. Nomenclatura: gerações ou dimensões 71

    2.4. Direitos fundamentais em sentido formal e material 72

    2.5. Da aplicabilidade imediata das normas definidoras de direitos e garantias fundamentais 74

    2.6. Da classificação em dimensões 75

        2.6.1. Direitos fundamentais de 1ª dimensão 75

        2.6.2. Direitos fundamentais de 2ª dimensão 80

        2.6.3. Direitos fundamentais de 3ª dimensão 94

3. Ação Civil Pública como garantia fundamental repressiva 95

Parte V – A Ação Civil Pública e a separação dos Poderes 103

1. A teoria da tripartição dos Poderes 103

    1.1. Considerações iniciais 103

    1.2. Aspectos doutrinários relacionados com a teoria da separação dos Poderes 105

2. A separação dos Poderes na Constituição Brasileira de 1988 107

    2.1. Considerações iniciais 107

    2.2. Da independência e harmonia dos Poderes como princípio fundamental 109

        2.2.1. Conceito de princípio 109

        2.2.2. Conceito de princípio fundamental 111

        2.2.3. Idéia do que seja independência 111

        2.2.4. Idéia do que seja harmonia 113

3. Da observância da separação dos Poderes 113

    3.1. Da não-ingerência da atividade jurisdicional em temas de blindagem absoluta 113

        3.1.1. No Poder Executivo 114

        3.1.2. No Poder Legislativo 115

    3.2. Da ingerência da atividade jurisdicional em temas de blindagem relativa 115

        3.2.1. No Poder Executivo 115

            3.2.1.1. Considerações iniciais 115

            3.2.1.2. Obrigações de fazer postuladas com base em lei 122

            3.2.1.3. Obrigações de fazer e políticas públicas 122

3.2.1.4. Obrigações de fazer e a reserva do possível 128

3.2.2. No Poder Legislativo 131

3.3. Da ingerência plena da atividade jurisdicional em temas que não há blindagem 132

3.3.1. No Poder Executivo 132

3.3.2. No Poder Legislativo 133

4. Considerações complementares 134

Parte VI – Natureza da atividade jurisdicional na Ação Civil Pública 137

1. Considerações iniciais 137

2. Inteligência de atividade jurisdicional 139

3. Inteligência de atividade administrativa 141

4. Atividade jurisdicional diferenciada 142

Parte VII – Classificação da Ação Pública em razão do seu objeto mediato . . 149

1. Considerações iniciais 149

2. Ação Civil Pública de alcance ilimitado da atividade jurisdicional 149

3. Ação Civil Pública de alcance limitado da atividade jurisdicional 151

4. Ação Civil Pública de alcance vedado à atividade jurisdicional 152

Considerações finais 155

Referências 161

Introdução

No capítulo I do presente trabalho se procura demonstrar o que significa ação civil pública, fazendo-se, para isso, uma investigação desde a sua gênese e evolução no direito positivo brasileiro. Em razão disso, são trazidas várias posições doutrinárias sobre o conceito de ação civil pública, decorrentes, principalmente, da evolução que sofreu este instituto processual no direito pátrio, com o entendimento de que o seu conceito deve ser elaborado em razão da qualidade da parte que a promove, e não do bem jurídico tutelado. Em face disso, é estabelecida a distinção entre ação civil pública e ação coletiva, bem como são demonstrados os pontos que esses dois instrumentos processuais têm em comum. É ainda feita uma classificação da ação civil sob o ponto de vista topográfico: plano constitucional e infraconstitucional; e, neste, com o devido desdobramento, em que são analisadas as ações civis públicas situadas neste patamar.

No capítulo II é analisada a fase pré-processual da ação civil pública. Primeiramente o inquérito civil, começando por sua origem e conceito, passando pela natureza jurídica dos atos que nele são praticados, desde os de instauração, desenvolvimento e arquivamento para, a final, enfrentar a temática alusiva ao seu controle interno e o realizado pelo Poder Judiciário. Posteriormente, o compromisso de ajustamento, quando é apreciada sua origem e evolução, estabelecido o seu conceito e são investigadas as formas mediante as quais ele pode ser realizado, bem como sua natureza jurídica, com a constatação, em seguimento, de que ele poderá ser formalizado de forma legal ou ilegal. Dedica-se ainda um item relativo às considerações complementares.

O capítulo III trata das críticas e elogios à ação civil pública. No que se refere às críticas, o enfrentamento é feito, primeiramente, quanto à legitimidade ativa do Ministério Público, voltada especialmente para a tutela dos interesses individuais homogêneos, campo em que ocorrem os maiores dissídios doutrinários e jurisprudenciais, e, a seguir, quanto ao uso abusivo desse instrumento. De outro lado, e, a seguir, quanto ao uso abusivo desse instrumento. De outro lado, no que concerne aos elogios, procura-se demonstrar que a ação civil pública constitui também instrumento de exercício da cidadania dos mais eficazes, especialmente na tutela de interesses coletivos *lato sensu*, e que foi o primeiro instrumento processual brasileiro, editado pelo legislador, com esse propósito. Não obstante isso, é ressaltado que a ação popular foi a pioneira a tutelar algumas modalidades desses interesses, mas sem a intenção voltada para esse desiderato por parte dos parlamentares, tampouco por quem os assessorava, naquela época, quando da sua edição.

No capítulo IV procura-se demonstrar que também é possível o ajuizamento de ação civil pública para tutelar os direitos fundamentais, pois estes podem envolver interesses coletivos *lato sensu*, ou direitos individuais indisponíveis, razão por que é feita uma análise desde os direitos fundamentais de 1ª até os de 3ª dimensão, não obstante se faça referência aos de 4ª dimensão, em razão da constatação de posição doutrinária a sustentar o surgimento dessa nova categoria de direitos.

No capítulo V é investigada a aplicabilidade da ação civil para atacar atos oriundos dos Poderes Executivo e Legislativo, sem quebra do princípio da harmonia e independência entre os Poderes, exceção feita naquelas situações em que a ação procura hostilizar atos cobertos por blindagem absoluta, ou, ainda, quando pretende que a atividade jurisdicional alcance o território em que se dá a atividade administrativa, que ainda é insuscetível de ingerência judiciária, em que pese tenha atualmente diminuído esse espaço. Por isso, é feita uma investigação jurídico-científica sobre a teoria da separação dos Poderes e as conseqüências daí decorrentes.

No capítulo VI é analisada a atividade jurisdicional na ação civil pública. Para isso, é feita, primeiramente, a necessária distinção entre atividade jurisdicional e atividade administrativa; posteriormente, procura-se demonstrar que a atividade jurisdicional na ação civil pública é diferenciada, considerando o alcance invasivo do provimento jurisdicional pleiteado; mas isto nas ações civis públicas, em que o juiz, muitas vezes, se vê na contingência de analisar, dado o provimento jurisdicional requerido, e, ainda, os interesses e direitos a serem tutelados, aspectos inerentes à atividade administrativa, v.g., políticas públicas, refugindo, assim, da atividade jurisdicional tradicional, em que essas questões não costumam ser enfrentadas, e muito menos com tal profundidade.

No capítulo VII procura-se estabelecer uma classificação da ação civil pública, levando em conta o seu objeto mediato, em que se objetiva demonstrar as três dimensões que pode assumir a atividade jurisdicional nela desenvolvida: a) ilimitada; b) limitada; e c) vedada.

E, ao final, encerrado o capítulo VII, há um outro tópico, no qual constam as conclusões a que se chegou, decorrentes da elaboração deste trabalho.

Parte I

Gênese, conceito, evolução e classificação da Ação Civil Pública

1. Gênese da Ação Civil Pública

O estudo da gênese da ação civil pública torna-se importante não somente para se compreender devidamente este instituto processual, senão também para se entender o seu conceito, com uma outra leitura, bem como perceber mais nitidamente a sua evolução.

Afora isso, serve para bem dimensionar a importância deste instrumento de defesa de interesses e direitos, em várias esferas, até hoje ainda não suficientemente investigada.

Cabe inicialmente lembrar que o Código de Processo Civil de 1973 já havia conferido o exercício do direito de ação civil ao Ministério Público, de forma ampla, pois sem adjetivar essa atuação: "O Ministério Público exercerá o direito de ação nos casos previstos em lei, cabendo-lhe, no processo, os mesmos poderes e ônus que às partes" (art. 81). Com isso, ficou consagrada a atuação do Ministério Público, na área civil, também[1] como órgão agente, mediante a inserção dessa norma infraconstitucional de caráter geral.

A propósito, impõe-se registrar que o Código de Processo Civil de 1939 não dispunha de norma expressa, como o de 1973, de caráter amplo, sobre a admissibilidade do exercício do direito de ação pelo Ministério Público, vale dizer, como órgão *agente*, nos casos previstos em lei. Havia, isto sim, disposições esparsas, no Código de 1939, permitindo que o Ministério Público atuasse como órgão agente, em raras situações: a) a iniciativa para requerer a instauração do processo de inventário e partilha, havendo herdeiros menores (art. 468, VI); b) a ação de extinção de fundação (art. 654, *caput*); e c) a ação para dissolução de sociedade civil que promova atividade ilícita ou imoral (art. 670). No restante, a intervenção do Ministério Público

---

[1] O Ministério Público, na área cível, atua como órgão agente, propondo ação (art. 81 do CPC), ou como órgão interveniente, fiscal da lei, nas hipóteses a que se refere o art. 82 do CPC.

Ação Civil Pública

no processo civil dava-se na condição de órgão *interveniente*, fiscal da lei.

Assim, a tradição do Direito Positivo pátrio era de que, na maioria das vezes, a intervenção do Ministério Público no processo cível se dava na sua condição de órgão *interveniente*, fiscal da lei, e não na de órgão *agente*.

Foi pela Lei Complementar n° 40, de 14 de dezembro de 1981 – que estabeleceu normas gerais para a organização do Ministério Público dos Estados – que, pela primeira vez no Direito Positivo pátrio, foi utilizada a nomenclatura *ação civil pública*, referindo-se à atuação dele na área cível, como órgão *agente*.

Em seu art. 3°, II, era considerada função institucional do Ministério Público: "promover a ação civil pública, nos termos da lei".

Cabe no entanto lembrar que o uso da terminologia *ação civil pública* deu-se bem antes de 1981. Em seu discurso de posse na Associação Paulista do Ministério Público, em setembro de 1974, o Promotor de Justiça João Lopes Guimarães já advogava a tese de que o Ministério Público tivesse atribuição de fiscalização da legalidade administrativa, valendo-se, para isso, de *ação civil pública*.[2]

Essa *nova* função, agora erigida em nível de disciplina infraconstitucional, na verdade não representava uma atuação incipiente. E isso porque iniciativas processuais tomadas pelo Ministério Público, na condição, portanto, de órgão agente, quer pelo Código de 1939, quer pelo de 1973, ou ainda com base em leis extravagantes, bem assim as ajuizadas com assento constitucional, como a ação direta de inconstitucionalidade, passariam a ser consideradas também ações civis públicas, por parte abalizada da doutrina, conforme se verá a seguir.

2. Conceito de Ação Civil Pública

Em razão do exposto no item anterior, a doutrina brasileira passou a investigar o conceito de *ação civil pública*, considerando o aparecimento dessa incipiente terminologia.

---

[2] MACHADO, Paulo Affonso Leme. *Separata de artigos*. Urbanismo e Poluição. Editora Revista dos Tribunais, janeiro de 2007, p. 19.

Assim, Antonio Augusto Mello de Camargo Ferraz, Édis Milaré e Nelson Nery Júnior[3] passaram a conceituar *ação civil pública* "como o direito conferido ao Ministério Público de fazer atuar, na esfera civil, a função jurisdicional".

E, em razão disso, apontaram alguns exemplos de *ação civil pública*:[4] "Ação direta de declaração de inconstitucionalidade de lei ou ato normativo federal, estadual ou municipal (CF, arts. 11, § 1°, *c*; 15, § 3°, *d*; CE, art. 106, VI); Ação de extinção de fundações (CC, art. 30, parágrafo único; CPC, art. 1.204); Ação de nulidade de casamento (CC, art. 208, parágrafo único, II); Ação reparatória de danos causados ao meio ambiente e a terceiros, afetados por sua atividade (art. 14, § 1°)", etc.

Como bem observa Pedro Lenza,[5] "A análise da doutrina clássica estrangeira, contudo, notadamente a italiana, permite afirmar que a expressão *ação civil pública* surgiu em contraposição à *ação penal pública*. Pública porque ajuizada pelo Ministério Público; *penal ou civil*, de acordo com a natureza jurídica de seu objeto".

Por aí já se vê que o conceito de ação civil pública, histórica e genuinamente, deve levar em conta a qualidade da parte que a promove, e não a natureza da relação de direito material posta em juízo.

Com o advento da Lei n° 7.347/85, parte da doutrina começou a esquecer esse conceito, e até mesmo a enveredar por um novo caminho, procurando agora correlacionar o conceito de *ação civil pública* unicamente a esse diploma legal,[6] ou levando ainda em conta alguns bens jurídicos tutelados,[7] embora, na verdade, atualmente,

---

[3] FERRAZ, Antonio Augusto Melo de Camargo; MILARÉ, Édis; NERY JÚNIOR, Nelson. *Ação civil pública e a tutela jurisdicional dos interesses difusos*. São Paulo: Saraiva, 1984. p. 22.

[4] *Ibidem*, p. 24-29. Os exemplos citados levam em conta os dispositivos vigentes à época em que a obra foi editada: 1984.

[5] LENZA, Pedro. *Teoria geral da ação civil pública*. São Paulo: Revista dos Tribunais, 2003. p. 153.

[6] MACHADO, Paulo Affonso Leme. *Direito Ambiental brasileiro*. 2. ed. São Paulo: Revista dos Tribunais, 1982. p. 214, entende que "A ação civil pública foi elaborada pela Lei n° 7.347, de 24.7.85. A ação judicial é denominada 'civil' porque tramita perante o juízo civil e não criminal. Acentue-se que no Brasil não existem tribunais administrativos. A ação é, também, chamada 'pública' porque defende bens que compõem o patrimônio social e público, assim como os interesses difusos e coletivos, como se vê do art. 129, III, da Constituição Federal de 1988. As finalidades da ação civil pública são: cumprimento da obrigação de fazer, cumprimento da obrigação de não fazer e/ou a condenação em dinheiro. A ação visa defender o meio ambiente, o consumidor, os bens e direitos de valor artístico, estético, histórico, turístico e paisagístico".

[7] Exemplo disso é o pensamento enunciado por MILARÉ, Édis. *Ação civil pública na nova ordem constitucional*. São Paulo: Saraiva, 1990. p. 6, ao sustentar "... a necessidade de desfocar a atenção do problema da *legitimação*, e voltá-la para a natureza do *interesse material* que se pretende protegido pelo Poder Judiciário, de molde a concluir que pública será toda ação que

essa ação, quanto aos bens jurídicos tutelados, tenha caráter mais abrangente.

A ação civil pública, hoje, também pode ser utilizada para, v.g., proteger as pessoas portadoras de deficiências (Lei nº 7.853/89, art. 3º), como também se admite ação civil pública de responsabilidade por danos causados aos investidores no mercado de valores mobiliários (Lei nº 7.913/89, art. 1º).

De outro lado, cabe também lembrar a posição crítica e conclusiva apregoada por Pedro Lenza[8] a respeito da terminologia *ação civil pública*:

> "Em síntese, tendo em vista a natureza *pública* e *autônoma* da ação, distinta do direito subjetivo material e, por conseqüência, a *autonomia da relação jurídica processual*, não seria tecnicamente correto qualificar a ação de 'civil' ou 'penal', muito menos de 'pública'. Aliás, por este último prisma, ter-se-ia verdadeiro pleonasmo. Havendo necessidade de nominá-la, o 'apelido' mais adequado seria *ação coletiva típica* ou *em sentido estrito*, para a proteção dos *interesses difusos ou coletivos stricto sensu e ação coletiva em sentido lato* para a proteção dos *interesses individuais homogêneos.*"

Contudo, não obstante a ampliação do objeto material da *ação civil pública*, seu conceito *ainda* deve levar em conta a qualidade da parte que a promove. No caso, um ente público, e não um ente público qualquer, senão, especificamente, o Ministério Público.

Em monografia recente, Maria Hilda Marsiaj Pinto[9] adota a terminologia *ação pública* para identificar a ação aforada por ente estatal, no caso, mais especificamente o Ministério Público, e *ação*

---

tiver por objeto a tutela de um *interesse público*, entendido como interesse dos concidadãos, no plano das estruturas sociais, afetando a psicologia coletiva, e não do Estado, como estrutura político-administrativa".

[8] LENZA, Pedro. *Op. cit.*, p. 158.

[9] PINTO, Maria Hilda Marsiaj. *Ação civil pública*: fundamentos da legitimidade ativa do Ministério Público. Porto Alegre: Livraria do Advogado, 2005. p. 18, assim justifica o uso das terminologias *ação pública* e *ação privada* em sua monografia: "Por fim, cumpre esclarecer em que sentido serão empregados os termos ação pública e ação privada no contexto do trabalho. Tendo-se por indiscutível a natureza pública de todas as ações, em paralelo com o fim da própria jurisdição, o termo *ação pública* será utilizado para identificar a ação em que a legitimidade ativa é atribuída funcionalmente a órgão estatal e, mais especificamente, ao Ministério Público, independentemente de outros concorrentemente legitimados; de outra parte, *ação privada* expressará aquela em que o poder de movimentar o processo judicial é conferido a quem se afirmar titular do direito (ou a outrem em seu lugar, como substituto processual). Poder-se-ia chamar a primeira de *ação de iniciativa pública (ou ação pública de iniciativa privada concorrente*, na hipótese dos co-legitimados não-estatais); a segunda, de *ação pública de iniciativa privada*. Porém, considerado que o caráter público de todas as ações é pressuposto, o uso da elipse afigura-se aceitável cientificamente e amplamente benéfico ao estilo. A nomenclatura, aliás, é

privada para designar aquela ajuizada por outros entes legitimados, que se considerem titulares da relação de direito material controvertida posta em juízo ou ainda estejam na condição de substitutos processuais.

Logo, não é pelo fato de o legislador ter ampliado os legitimados ativos para a propositura da ação[10] a que se refere a Lei nº 7.347/85 que se abandonará o conceito originário de *ação civil pública*, levando em conta a qualidade da parte que a promove: o Ministério Público.

Tanto é assim que a terminologia *ação civil pública* somente é encontrada, na Constituição Federal, quando trata das funções institucionais do Ministério Público (art. 123, III); e ainda, em reforço a esse entendimento, nas Leis Orgânicas do Ministério Público da União (Lei Complementar nº 75/93, art. 6º, VII, alíneas *a* a *d*) e dos Estados (Lei nº 8.625/93, art. 25, III, alíneas *a* e *b*).

Na verdade, o uso da nomenclatura *ação civil pública*, para a tutela de diferentes interesses[11] e direitos, no caso da Lei nº 7.347/85, deve-se à presença do Ministério Público como um dos co-legitimados, a despeito de outros entes também terem sido aquinhoados pelo legislador com idêntica legitimidade.

Assim, a presença do Ministério Público como co-legitimado atraiu, em razão disso, a nomenclatura *ação civil pública*.

Em conseqüência, é possível afirmar que *ação civil pública*, sob o ponto de vista técnico-jurídico-processual, considerando a gênese deste instituto, é toda ação civil ajuizada pelo Ministério Público, quer envolva interesse difuso, coletivo *stricto sensu*, individual homogêneo ou simplesmente individual indisponível, ou ainda em defesa da ordem jurídica ou do regime democrático, pois o adjetivo *pública* está intimamente correlacionado à qualidade da parte que propõe essa ação, causa determinante do uso dessa terminologia, e não com os bens jurídicos objeto da tutela judicial.

Por isso, com acerto, Rodolfo de Camargo Mancuso,[12] citando Hugo Nigro Mazzilli, assevera:

---

chancelada por Couture, que lhe atribui exatamente a significação aqui adotada: a correspondência à iniciativa da demanda".

[10] Ver, v.g., o art. 5º da Lei nº 7.347/85.

[11] RODRIGUES, Marcelo Abelha. *Elementos de Direito Processual Civil*. 3. ed. São Paulo: Revista dos Tribunais, 2003. v. 1. p. 43, entende que "... o interesse é uma relação entre um sujeito e um objeto. Relação essa que tem por ponto de contato a aspiração do homem acerca de determinados bens que sejam aptos à satisfação de uma exigência sua".

[12] MANCUSO, Rodolfo de Camargo. *Ação civil pública*. 6. ed. São Paulo: Revista dos Tribunais, 1999. p. 19.

"Como denominaremos, pois, uma ação que verse a defesa de interesses difusos, coletivos ou individuais homogêneos? Se ela estiver sendo movida pelo Ministério Público, o mais correto, sob o enfoque puramente doutrinário, será chamá-la de ação civil pública. Mas, se tiver sido proposta por qualquer outro co-legitimado, mais correto denominá-la de *ação coletiva.*"

A propósito, impõe-se ainda registrar a observação, feita por Paulo Roberto de Gouvêa Medina,[13] de que "Por ações públicas se entendem – na frase de Eduardo Couture – aquelas que são promovidas pelos órgãos do Poder Público, normalmente os agentes do Ministério Público".

Logo, cabe concluir que *ação civil pública* é aquela promovida pelo Ministério Público, visando à atuação da função jurisdicional do Estado na esfera cível, quer se trate de interesses coletivos *lato sensu*,[14] individuais indisponíveis, ou ainda em defesa da ordem jurídica ou do regime democrático.[15]

A questão terminológica, no que se refere ao conceito de *ação civil pública*, pode soar meramente acadêmica, sem utilidade prática. Contudo, como bem pondera Cândido Rangel Dinamarco:[16]

"Mede-se o grau de desenvolvimento de uma ciência pelo refinamento maior ou menor de seu vocabulário específico. Onde os conceitos estão mal definidos, os fenômenos ainda confusos e insatisfatoriamente isolados sem inclusão em uma estrutura adequada, onde o método não chegou ainda a tornar-se claro ao estudioso de determinada ciência, é natural que ali também

---

[13] MEDINA, Paulo Roberto de Gouvêa. Aspectos da ação civil pública. *Revista de Processo*, São Paulo, n. 47, p. 218-226, jul./set. 1987.

[14] O Código de Defesa do Consumidor, Lei n° 8.078, de 11 de setembro de 1990, em seu art. 81, parágrafo único, incisos I, II e III, considera os interesses difusos, coletivos *stricto sensu* e individuais homogêneos, respectivamente, como espécies do gênero interesses coletivos *lato sensu*.

[15] Cabe, no entanto, observar que, em recente obra (*A defesa dos interesses difusos em juízo: meio ambiente, consumidor, patrimônio cultural, patrimônio público e outros interesses.* 19. ed. São Paulo: Saraiva, 2006), Hugo Nigro Mazzilli, embora reportando-se ao seu conceito anterior de ação civil pública, no que se refere à tutela dos interesses difusos, coletivos e individuais homogêneos, procura agora trazer um maior detalhamento a este respeito, ao dizer: "Como denominaremos, pois, uma ação que verse a defesa de interesses difusos, coletivos ou individuais homogêneos? Se ela estiver sendo movida pelo Ministério Público, o mais correto, sob o prisma doutrinário, será chamá-la de *ação civil pública*. Mas se tiver sido proposta por associações civis, mais correto será denominá-la de *ação coletiva*. Sob o enfoque puramente legal, será ação civil pública qualquer ação movida com base na Lei n° 7.347/85, para a defesa de interesses transindividuais, ainda que seu autor seja uma associação civil, um ente estatal ou o próprio Ministério Público, entre outros legitimados; será ação coletiva qualquer ação fundada nos arts. 81 e ss. do CDC, que verse a defesa de interesses transindividuais".

[16] DINAMARCO, Cândido Rangel. *Fundamentos do processo civil moderno.* 5. ed. São Paulo: Malheiros, 2002. Tomo I. p. 136-137.

seja pobre a linguagem e as palavras se usem sem grande precisão técnica."

Por aí já se vê que a precisão conceitual assume relevo no plano técnico-científico, e aqui no plano processual-científico, para uma melhor investigação e adequada compreensão do que seja a ação civil pública, não obstante a conceituação anteriormente sustentada possa vir a merecer resistências. Ainda assim subsiste a importância desta temática, até porque propiciou o contraditório a este respeito, ao trazer ao conhecimento do leitor deste trabalho as projeções conceituais até aqui verificadas.

3. Ação Civil Pública e Ação Coletiva

Uma vez estabelecido o conceito de ação civil pública, já se pode antever que o de ação coletiva será outro. Assim, já comporta dizer que ação civil pública e ação coletiva não são expressões sinônimas.

Enquanto *ação civil pública* é aquela demanda proposta pelo Ministério Público, destinada a tutelar interesses e direitos coletivos *lato sensu*, individuais indisponíveis, bem como a ordem jurídica e o regime democrático, *ação coletiva* é aquela proposta por qualquer legitimado, autorizado por lei, objetivando a tutela de interesses coletivos *lato sensu*.[17]

Assim, o que distingue a *ação civil pública* da *ação coletiva* são dois pontos básicos: a) qualidade da parte que as promove; b) alcance da tutela jurisdicional, levando em conta a relação de direito material posta em juízo que elas visam a tutelar.

Logo, em síntese, enquanto a ação civil pública é proposta, a rigor, pelo Ministério Público, a ação coletiva o é por qualquer legitimado autorizado por lei; de outro lado, a *ação civil pública* visa a tutelar interesses e direitos coletivos *lato sensu*, individuais indisponíveis, ou ainda a ordem jurídica e o regime democrático, ao passo que a *ação coletiva* tutela somente interesses e direitos coletivos *lato sensu*, razão por que se podem considerar como espécies de ação coletiva, v.g., a ação popular, o mandado de segurança coletivo e as ações propostas por outros entes, que não o Ministério Público, embasadas na Lei nº 7.347/85 ou no Código de Defesa do Consumi-

---

[17] Os interesses coletivos *lato sensu* englobam os difusos, os coletivos *stricto sensu* e os individuais homogêneos.

Ação Civil Pública

dor (Lei nº 8.078/90), em defesa de interesses e direitos metaindividuais.

Com isso é possível afirmar que a ação civil pública e a ação coletiva se distinguem não somente no que se refere à qualidade da parte que as promovem, como também no que concerne ao objeto mediato, que naquela é mais amplo do que o desta.

Em sendo assim, comporta dizer que há um ponto comum entre a ação civil pública e a ação coletiva: ambas tutelam interesses e direitos coletivos *lato sensu*.

A propósito, é oportuno ainda registrar que, ao tratar das ações coletivas pró-consumidor no Código de Defesa do Consumidor, José Maria Rosa Tesheiner[18] entende que a nomenclatura mais correta, em se tratando de pretensão dos consumidores na sua dimensão difusa ou coletiva, é falar em *interesses*; contudo, se ela disser respeito aos individuais homogêneos, o mais adequado é denominá-los *direitos*, uma vez que, na maioria das vezes, se está diante de verdadeiros direitos subjetivos.

Em seguimento ao seu raciocínio, José Maria Rosa Tesheiner[19] mostra-se contrário ao cabimento de ação coletiva para tutelar *direitos individuais heterogêneos* do consumidor, entendimento que encontra suporte no art. 81, *caput*, do CDC, pois, em tal situação, a defesa de tais direitos deve ser exercida em juízo mediante o aforamento de demandas individuais.

No que se refere ao uso mais adequado das terminologias: *interesses* ou *direitos*, Rodolfo de Camargo Mancuso[20] adota linha doutrinária semelhante à defendida por José Maria Rosa Tesheiner.

Não ignorando tais aspectos doutrinários, é que este trabalho sustenta que a ação civil pública, considerando as suas diferentes modalidades e os distintos objetos de tutela que lhe são inerentes, constitui instrumento que visa a tutelar interesses e direitos, ou seja:

---

[18] TESHEINER, José Maria Rosa. Ações coletivas pró-consumidor. *Revista da Ajuris*, Porto Alegre, v. 54, p. 80, mar. 1992.

[19] TESHEINER, José Maria Rosa. *Op. cit.*, p. 81.

[20] MANCUSO, Rodolfo de Camargo. *Jurisdição coletiva e coisa julgada*. São Paulo: Revista dos Tribunais, 2006. p. 523-524, a este respeito assim se manifesta: "*Jurisdição coletiva*, em contraposição à Jurisdição singular (voltada aos conflitos intersubjetivos) é aquela vocacionada a dirimir controvérsias de largo espectro quanto à relevância do objeto e/ou ao número de sujeitos concernentes, não raro recepcionando demandas que mesclam crises jurídicas com outras que relevam de outros interesses – sociais, políticos, econômicos – engendrando o que se vem chamando de *judicialização da política* e a correlata *politização do Judiciário*. Nesse contexto, a nomenclatura interesses é preferível a direitos, porque estes últimos evocam situações de vantagem suscetíveis de atribuição exclusiva a um dado titular, ao passo que os interesses metaindividuais concernem a sujeitos indeterminados (absoluta ou relativamente), sendo o objeto indisponível, essencial ou episodicamente".

difusos, coletivos *stricto sensu*, individuais homogêneos e individuais indisponíveis.

4. Evolução da Ação Civil Pública no Direito Positivo Brasileiro

Muito embora se possa afirmar que o conceito de ação civil pública esteja dissociado da relação de direito material posta em juízo, é forçoso reconhecer, todavia, que ela começou a receber significativa evolução e importância quando passou a tutelar interesses metaindividuais,[21] com expressivo alcance social.

A primeira modalidade de interesse transindividual tutelado por ação civil pública, relacionada a interesses difusos, deu-se no campo da proteção ambiental.

A Lei nº 6.938,[22] de 31 de agosto de 1981, que dispõe sobre a Política Nacional do Meio Ambiente, seus fins e mecanismos de formulação e aplicação, e dá outras providências, em seu art. 14, § 1º, instituiu uma modalidade de ação civil pública, ao dispor que "O Ministério Público da União e dos Estados terá legitimidade para propor ação de responsabilidade civil e criminal por danos causados ao meio ambiente".

A despeito de esse dispositivo tratar também da ação penal, de iniciativa do Ministério Público, o certo é que ele dispôs também acerca da ação civil pública, na medida em que conferiu legitimida-

---

[21] MORAIS, José Luis Bolzan. *Do Direito Social aos interesses transindividuais:* o Estado e o Direito na ordem contemporânea. Porto Alegre: Livraria do Advogado, 1996. p. 126, prefere a nomenclatura transindividuais, emvez de metaindividuais, com base nos seguintes fundamentos: "Devemos repisar a justificativa acerca da utilização deste termo – transindividual – em prejuízo da noção metaindividual, longamente apresentada pela doutrina. Não se trata simplesmente de uma facilidade semântica atrelada à sua consagração normativa pelo legislador. Significa, isto sim, um apelo a uma melhor compreensão do objeto designado pelo signo, pois em se tratando de interesses envolvendo conjuntos de interessados, importa referendar a idéia de que se trata de pretensões que, embora ultrapassem o indivíduo singularmente definido, perpassam-no. O prefixo *trans* permite, assim, que possamos apreender a idéia de que os interesses ora debatidos, apesar de comuns (nitários), tocam imediata e individualmente – embora este termo individual não tenha o mesmo conteúdo excludente de quando está empregado como direito individual, como salientado há pouco – cada componente desta coletividade, ao passo que a consagração do prefixo *meta* importa uma perspectiva de algo que esteja alheio e acima do indivíduo, sem tocá-lo de forma alguma".

[22] BENJAMIN, Antônio Herman de Vasconcellos e. A *citizen action* norte-americana e a tutela ambiental. *Revista de Processo,* São Paulo, n. 62, p. 61, abr./jun. 1991, observa que "O movimento brasileiro de tutela dos interesses e direitos supra-individuais encontra sua origem na Lei 6.938/81 (Lei da Política Nacional do Meio Ambiente)".

de a essa Instituição para o ajuizamento de ação de responsabilidade civil em razão de danos causados ao meio ambiente.

Há modalidades de ação civil pública, como a constante do art. 14°, § 1°, da Lei n° 6.938/81, em que o legislador preferiu não adjetivá-la de pública; em outras situações, contudo, resolveu dar ênfase a essa terminologia, como no caso da Lei n° 7.347, de 24 de julho de 1985, já na sua ementa, ao dizer que ela "Disciplina a *ação civil pública* de responsabilidade por danos causados ao meio ambiente, ao consumidor, a bens e direitos de valor artístico, estético, histórico, turístico e paisagístico e dá outras providências".

Com o objetivo de ampliar o leque de interesses e direitos metaindividuais a serem protegidos, surgiu, em 24 de julho de 1985, a Lei n° 7.347, de cunho eminentemente processual, não obstante seu art. 1° expressamente dispor a respeito dos bens e direitos que ela visava a tutelar: I – meio ambiente; II – consumidor e III – bens e direitos de valor artístico, estético, histórico, turístico e paisagístico.

O inciso IV desse artigo, que dispunha sobre a tutela *a qualquer outro interesse difuso,* foi vetado pelo Presidente da República, José Sarney,[23] sob o fundamento de que:

"As razões de interesse público dizem respeito precipuamente à insegurança jurídica, em detrimento do bem comum, que decorre da amplíssima e imprecisa abrangência da expressão 'qualquer outro interesse difuso'.

A amplitude de que se revestem as expressões ora vetadas do Projeto mostra-se, no presente momento de nossa experiência jurídica, inconveniente.

É preciso que a questão dos interesses difusos, de inegável relevância social, mereça, ainda, maior reflexão e análise. Trata-se de instituto cujos pressupostos conceituais derivam de um processo de elaboração doutrinária, a recomendar, com a publicação desta Lei, discussão mais abrangente em todas as esferas de nossa vida social."

Com isso, a Lei n° 7.347/85 passou a tutelar somente interesses e direitos metaindividuais nominados, a saber: meio ambiente, consumidor e patrimônio cultural, considerando que os inominados sofreram veto (inciso IV).

À época, em conferência realizada em Porto Alegre, por ocasião do I Ciclo de Debates sobre A Ação Civil Pública, Hugo Ni-

---

[23] Razões do veto publicadas no Diário Oficial da União de 25 de julho de 1985.

gro Mazzilli[24] criticou esse veto, ao asseverar que, com isso, ficaram a descoberto de tutela coletiva outros interesses difusos, no caso inominados, mas relacionados, v.g., à defesa do contribuinte e dos mutuários do extinto Banco Nacional da Habitação (BNH), estes lesados em decorrência de reajustes indevidos, bem como as vítimas de grandes escândalos financeiros.

Em 1990, no entanto, o Código de Defesa do Consumidor (CDC), Lei n° 8.078/90, por seu art. 110, restabeleceu esse dispositivo vetado na Lei n° 7.347/85, e o fez de forma ampliada.

E isso porque, ao acrescentar mais um inciso ao art. 1° da Lei n° 7.347/85, restabeleceu a vontade do legislador desta Lei, nela reintroduzindo a expressão vetada pelo Presidente da República em 1985: a qualquer outro interesse difuso.

Mas o legislador do Código foi além, uma vez que buscou alargar a tutela processual da Lei n° 7.347/85, ao admitir também a defesa de não somente qualquer outro interesse difuso, mas também de outro qualquer interesse coletivo.

Importante observar que a origem mediata da Lei n° 7.347/85 foi uma tese apresentada, em julho de 1983, por ocasião do 1° Congresso Nacional de Direito Processual Civil, realizado na Faculdade de Direito da Universidade Federal do Rio Grande do Sul, em comemoração aos 10 anos de vigência do Código de Processo Civil, por Ada Pellegrini Grinover, Kazuo Watanabe, Waldemar Mariz de Oliveira Júnior e Cândido Rangel Dinamarco.

Essa tese, que levou o n° 55,[25] apresentada sob a forma de anteprojeto, precedido de sólida justificativa, pretendia, basicamente, disciplinar "as ações previstas no § 1° do art. 14 da Lei n° 6.938, de 31 de agosto de 1981", além de dar outras providências. Para isso, dentre as suas disposições, para esse efeito, preconizava: a) a possibilidade de as associações, instituídas com a finalidade de preservação ambiental, figurarem no processo penal como assistentes do Ministério Público (art. 2°); b) a possibilidade de ser expedido mandado liminar determinando a prestação da atividade devida ou a cessação

---

[24] MAZZILLI, Hugo Nigro. Defesa dos interesses difusos em juízo. *Revista do Ministério Público do Rio Grande do Sul*, Porto Alegre, v. 19, p. 34-35, 1986, onde consta publicada sua conferência proferida por ocasião do I Ciclo de Debates sobre A Ação Civil Pública, denominada *Defesa dos Interesses Difusos em Juízo*, evento promovido pela Associação do Ministério Público do Rio Grande do Sul, Instituto dos Advogados do Rio Grande do Sul e Fundação Escola Superior do Ministério Público, realizado na Assembléia Legislativa, em Porto Alegre, no período de 17 a 19 de outubro de 1985.

[25] Ver *Caderno de Teses e Proposições* apresentadas por ocasião do 1° Congresso de Direito Processual Civil, realizado de 11 a 16 de julho de 1983, na Faculdade de Direito da Universidade Federal do Rio Grande do Sul, em Porto Alegre, comemorativo aos 10 anos de vigência do Código de Processo Civil de 1973.

da nociva, com ou sem justificação prévia, na ação que tivesse por objeto a condenação ao cumprimento de obrigação de fazer ou não fazer (art. 6º); c) a criação de um fundo para reconstituição de bens ambientais lesados (art. 7º); d) uma nova disciplina para a coisa julgada nessa ação de responsabilidade civil, com eficácia *erga omnes*, exceto se a pretensão deduzida em juízo viesse a ser desacolhida por deficiência de prova (art. 10).

A referida tese, no entanto, acabou não ficando restrita ao simples displicinar das ações previstas no § 1º do art. 14 da Lei nº 6.938/81, na medida em que avançou para: a) conferir às associações ambientalistas legitimidade para proporem a ação de responsabilidade civil por dano ambiental (art. 4º)[26] e, em razão disso, determinar que, nesta hipótese, o Ministério Público deveria intervir no processo, obrigatoriamente, como fiscal da lei (§ 1º do art. 4º); b) admitir a tutela não somente do meio ambiente natural, conforme já o fizera a Lei nº 6.938/81, mas também dos bens e direitos de valor artístico, estético, histórico, turístico e paisagístico (art. 13).[27]

Essa tese, por ocasião desse congresso, foi relatada por José Carlos Barbosa Moreira, que, após sugerir algumas modificações, visando ao aperfeiçoamento do anteprojeto, veio, a final, a emitir parecer favorável a sua aprovação, o que acabou ocorrendo por aclamação.

Posteriormente, essa tese passou a ser discutida em eventos jurídicos internacionais e nacionais, transformando-se mais tarde no Projeto de Lei nº 3.034, de 1984, de iniciativa do Deputado Federal paulista Flávio Bierrenbach.

A origem imediata da Lei nº 7.347/85, contudo, não foi o Projeto Bierrenbach, que acabou não prevalecendo, em face de outro, de iniciativa do Poder Executivo, posteriormente enviado ao Congresso Nacional, este, sim, aprovado, praticamente na íntegra, e que resultou nesta Lei.

Esse Projeto do Executivo decorreu, inicialmente, de estudos realizados por Antonio Augusto Mello de Camargo Ferraz, Édis Milaré e Nelson Nery Junior, apresentado por estes juristas em dezembro de 1983, em São Lourenço-MG, por ocasião do XI Seminário Jurídico dos Grupos de Estudos do Ministério Público do Estado de São Paulo, sob tese denominada de Ação Civil Pública, mas tendo

---

[26] Cabe registrar que o § 1º do art. 14 da Lei nº 6.938/81 somente conferia legitimidade ativa ao Ministério Público da União e dos Estados para a propositura da ação de responsabilidade civil por dano ambiental.

[27] Cabe igualmente consignar que a ação popular, Lei nº 4.717, de 29 de junho de 1965, já tutelava o meio ambiente cultural, considerado patrimônio público, exceção feita aos bens e direitos de valor paisagístico, cuja tutela não estava prevista (art. 1º, § 1º).

como base o já referido anteprojeto apresentado por Ada Pellegrini Grinover, Waldemar Mariz de Oliveira Júnior, Kazuo Watanabe e Cândido Rangel Dinamarco, quando da realização do 1º Congresso Nacional de Direito Processual Civil, em Porto Alegre.

Esses estudos, feitos pelos citados membros do Ministério Público paulista, que consistiram na reelaboração do texto primitivo do anteprojeto, receberam ampla receptividade no plano associativo, tendo sido também aprovados pela Procuradoria-Geral de Justiça de São Paulo. Isso fez com que o Procurador-Geral de Justiça da época, Paulo Salvador Frontini, mediante ofício,[28] encaminhasse esse anteprojeto reelaborado à consideração do então Presidente da Confederação Nacional do Ministério Público (CONAMP), Luiz Antonio Fleury Filho, solicitando seu empenho pela regulamentação da ação civil pública, prevista como função institucional do Ministério Público pela Lei Complementar nº 40/81.

Em seguimento, o Presidente da CONAMP endereçou ofício[29] ao Ministro da Justiça, Ibrahim Abi-Ackel, encaminhando-lhe esse novo anteprojeto o qual, após estudá-lo, o acolheu, sendo remetido ao Congresso Nacional; na Câmara dos Deputados, recebeu a identificação de Projeto de Lei nº 4.984/1985, e, no Senado Federal, de Projeto de Lei nº 20/1985, resultando, em seqüência, na Lei nº 7.347/85, com apenas um veto, consistente na eliminação do inciso IV do seu art. 1º, que objetivava tutelar qualquer outro interesse difuso, conforme anteriormente destacado.

Cabe registrar que esse novo anteprojeto, acolhido pelo Poder Executivo Federal, quase na sua integralidade, trazia inovações em relação ao anteprojeto original, na medida em que, v.g.: a) entre os interesses e direitos tutelados estavam os relativos ao consumidor; b) criava o inquérito civil; c) previa como crime, da parte de qualquer pessoa, a recusa, o retardamento ou a omissão de dados técnicos indispensáveis à propositura da ação civil, quando requisitados pelo Ministério Público ou outro co-legitimado para o ajuizamento.

Esse anteprojeto, com pequenas modificações, depois de estudos realizados no Ministério da Justiça, com a participação de membros do Ministério Público paulista, por ter sido considerado mais "completo e abrangente" que o original pelo Ministro da Justiça Ibrahim Abi-Ackel, em sua Exposição de Motivos nº 0047, de 04 de

---

[28] Ofício n.1073, de 13 de junho de 1984, assinado por Paulo Salvador Frontini e remetido a Luiz Antonio Fleury Filho, Presidente da CONAMP, Confederação Nacional do Ministério Público.

[29] Ofício n. 085/84, de 14 de junho de 1984, firmado por Luiz Antonio Fleury Filho e endereçado ao Ministro da Justiça Ibrahim Abi-Ackel.

Ação Civil Pública

fevereiro de 1985, foi convertido em projeto de lei e transformou-se na Lei n° 7.347/85.

Atualmente, cabe ação civil de responsabilidade, com base nessa Lei (art. 1°), quando objetiva a reparação de danos, a título patrimonial e moral,[30] causados: I – ao meio ambiente;[31] II – ao consumidor; III – a bens e direitos de valor artístico, estético, histórico, turístico e paisagístico; IV – a qualquer outro interesse difuso ou coletivo; V – por infração da ordem econômica e da economia popular; e VI – à ordem urbanística.

Comporta salientar que o parágrafo único[32] do art. 1° da Lei n° 7.347/85 diz não ser cabível ação civil pública para veicular pretensões que envolvam tributos, contribuições previdenciárias, o Fundo de Garantia do Tempo de Serviço – FGTS – ou outros fundos de natureza institucional cujos beneficiários podem ser individualmente determinados.[33]

Com isso, a atividade jurisdicional, na ação civil pública, em pretensões dessa natureza, sofre limitação incompreensível, porquanto permite o acesso ao Poder Judiciário, em tais casos, somente pelo ajuizamento de demandas individuais. E tal restrição implica maior sobrecarga em juízos e tribunais, pela multiplicação de processos gerados por essas demandas, que poderiam ser evitadas mediante o ajuizamento de uma única ação civil pública ou ação coletiva, que sabidamente possuem eficácia *erga omnes* ou *ultra partes*, podendo, destarte, beneficiar todas as pessoas incluídas no rol dessas relações de direito material.

---

[30] A Lei 8.884/94, Lei do Abuso do Poder Econômico, denominada Lei Antitruste, modificou o *caput* do art. 1° da Lei n° 7.347/85, para prever, expressamente, que são indenizáveis os danos difusos e coletivos, quer a título patrimonial, quer a título moral.

[31] BENJAMIN, Antônio Herman de Vasconcellos e. *Op. cit.*, p. 62, menciona a existência de duas ações muito utilizadas para tutelar o meio ambiente nos Estados Unidos, *in verbis*: "No direito americano, hoje influenciando, em todo o mundo, o movimento de reforma do acesso à justiça, dois instrumentos de facilitação do ingresso do cidadão aos tribunais destacam-se: a *class action* e a *citizen action*, também conhecida por *citizen suit* e que poderia ser traduzida por 'ação popular ambiental'. Aquela como mecanismo de tutela coletiva, esta, como ferramenta de tutela difusa".

[32] Esse parágrafo único foi introduzido ao art. 1° da Lei n° 7.347/85 pela Medida Provisória n° 2180-35/2001.

[33] BUENO, Cassio Scarpinella. *O poder público em juízo*. 3. ed. São Paulo: Saraiva, 2005. p. 144, depois de sustentar a inconstitucionalidade desse parágrafo único, posteriormente volta a manifestar-se assim sobre ele: "O que é muito claro no novo parágrafo único do art. 1° da Lei n. 7.347/85 é que o Executivo Federal quis, vez por todas, vedar (ou debelar) todas e quaisquer ações civis públicas que tenham como objeto as matérias que enumera. Quer evitar, assim, o acesso coletivo à Justiça e que permite (ou deveria permitir, não fossem os problemas apontados nos itens 2 a 4, *supra*), com uma só decisão jurisdicional de uma só vez, ver reconhecido o direito de um sem-número de pessoas afetadas por atos governamentais".

De outro lado, com essa sobrecarga de processos, gerada por inúmeras demandas individuais, em face da restrição apontada no parágrafo anterior, fica seriamente comprometido o princípio da celeridade processual, que hoje já não constitui diretriz de caráter meramente programático, na forma do art. 125, inc. II, do Código de Processo Civil, mas princípio erigido à dimensão maior, de estatura constitucional, pela Emenda nº 45, de 2004, que trata da Reforma do Judiciário, passando a constar, inclusive do catálogo dos direitos fundamentais, nestes termos: "a todos, no âmbito judicial e administrativo, são assegurados a razoável duração do processo e os meios que garantam a celeridade de sua tramitação" (art. 5º, inc. LXXVIII).

Por corolário, em obediência ao princípio da celeridade processual, mormente agora que constitucionalizado como direito fundamental, inadmissível aceitar o descabimento de ação civil pública para veicular as pretensões materiais a que se refere o parágrafo único do art. 1º da Lei nº 7.347/85, sob pena de seu pleno desvirtuamento.

Em razão disso, não é de causar nenhum espanto ou perplexidade seja advogada a tese de que o art. 5º, LXXVIII, da CF revogou o parágrafo único do art. 1º da Lei nº 7.347/85. Contudo, a fim de evitar maiores discussões a respeito da matéria, e com isso afastando qualquer dúvida, a melhor alternativa é pura e simplesmente obter a revogação desse parágrafo único, por meio de lei, com o que, a um só tempo, se estará evitando sobrecarga ainda maior de processos em juízos e tribunais e tornando efetivo, também nessas matérias, de grande relevância social, o princípio da celeridade na prestação jurisdicional, que, inquestionavelmente, em conflitos de massa, se torna muito mais fácil de ser concretizado mediante a utilização de uma única ação civil pública ou coletiva do que pelo ajuizamento de inúmeras demandas individuais.

A mais recente alteração sofrida pela Lei nº 7.347/85 foi determinada pela Lei nº 11.448, de 15 de janeiro de 2007. Ela consistiu em modificar o art. 5º daquela Lei para permitir que a Defensoria Pública também possa propor "ação civil pública".

Essa Lei, à evidência, mostra-se inconstitucional.

Ocorre que, pela Constituição Federal, a Defensoria Pública tem como função institucional a orientação jurídica e a defesa dos *necessitados* (art. 134, *caput*, da CF). Este dispositivo, por sua vez, faz remissão ao art. 5º, LXXIV, da CF, o que significa dizer que o conceito de necessitados tem a ver com as pessoas que carecem de recursos financeiros.

Ação Civil Pública

Se assim é, como legitimar a Defensoria Pública para a tutela de interesses difusos, cujos titulares, sabidamente, são indeterminados (art. 81, parágrafo único, I, do CDC), não se podendo assim identificar quantos são necessitados e quantos não o são?

Logo, se for aceita a legitimidade da Defensoria Pública para a defesa de interesses difusos, isso implica ampliar suas funções institucionais para defender em juízo não somente necessitados, mas também não-necessitados, em flagrante infringência ao disposto no art. 134, *caput*, da CF. Ademais, tendo o art. 5º, LXXIV, da CF, disposto que o conceito de necessitados está vinculado à carência de recursos financeiros, descabe à norma infraconstitucional ampliar esse conceito.

Em se tratando da defesa dos interesses coletivos *stricto sensu*, a inconstitucionalidade não é tão flagrante, pois aqui, não obstante os interesses serem transindividuais, os seus titulares pertencem a um grupo, classe ou categoria de pessoas que estão ligadas entre si ou com a parte contrária por uma relação jurídica base. Logo, em princípio, poder-se-ia identificar quem é necessitado e quem não o é. Contudo, na maioria das situações, certamente haverá entre esses titulares pessoas não-necessitadas, não cabendo assim à Defensoria Pública fazer-lhes a defesa em juízo, por força do disposto no art. 134, *caput*, da CF. E aqui, há ainda um outro óbice. Essa identificação não resolve o impasse, pois, mesmo que se possa identificar quem é e quem não é necessitado, os interesses coletivos *stricto sensu* têm natureza indivisível (art. 81, parágrafo único, II, do CDC). Isso significa que, ou se faz a defesa em juízo somente de quem é necessitado, e nesta situação não será caso de defesa de um interesse coletivo *stricto sensu*, ou então se faz a defesa de todos os titulares do grupo, categoria ou classe de pessoas, com a possibilidade concreta de que, nesta hipótese, a Defensoria Pública esteja defendendo em juízo não somente necessitados, mas também não-necessitados, o que não lhe é permitido (art. 134, *caput*, da CF).

Não obstante a Lei nº 7.347/85 fazer referência somente aos interesses difusos e coletivos, no seu inciso IV, atualmente os interesses individuais homogêneos podem ser também por ela tutelados, em face das regras de interação existentes entre essa Lei (art. 21) e o Código de Defesa do Consumidor (art. 90), pois neste diploma está prevista a proteção desses interesses por meio de ação coletiva (art. 81, parágrafo único, III, e arts. 91 a 100).

Em razão disso, cabe salientar que, no que se refere à tutela dos chamados interesses individuais homogêneos, decorrentes de origem comum, também é inconstitucional essa nova Lei, praticamente pelos mesmos fundamentos anteriormente aduzidos quando enfrentada a inconstitucionalidade em que ela incide em relação aos interesses difusos; porém com alguns acréscimos.

Com efeito, não é possível, de antemão, admitir como constitucional essa legitimidade da Defensoria Pública para tutelar interesses individuais homogêneos, quando nem todos os seus titulares, no pragmatismo do cotidiano, podem ser identificados como necessitados. E se alguns podem ser identificados como necessitados, e outros não – diagnóstico muito difícil de fazer –, então, a rigor, não haverá defesa de interesses individuais homogêneos, na medida em que somente aqueles poderão ser defendidos pela Defensoria Pública, enquanto estes não, embora todos os interesses (dos necessitados e não-necessitados) decorram de origem comum. Haverá, isto sim, um litisconsórcio ativo facultativo formado por necessitados, todos defendidos pela Defensoria Pública, o que, embora possível, descaracteriza a defesa de interesses individuais homogêneos em juízo, mediante demanda coletiva, nos termos previstos pelo inciso III do parágrafo único do art. 81 do CDC.

Com isso, somente uma *interpretação conforme*,[34] sem redução de texto, poderá salvar da inconstitucionalidade material essa modificação feita na Lei nº 7.347/85; mas, neste caso, sempre com o risco de descaracterizar os conceitos doutrinário e legal atribuídos aos interesses difusos, coletivos *stricto sensu* e individuais homogêneos. Por isso, árdua a tarefa de fazer uma *interpretação conforme* em uma

---

[34] MORAES, Alexandre de. *Direito Constitucional*. 20ª ed. São Paulo: Atlas, 2006, p. 11-12, preleciona: "A supremacia das normas constitucionais no ordenamento jurídico e a presunção de constitucionalidade das leis e atos normativos editados pelo poder público competente exigem que, na função hermenêutica de interpretação do ordenamento jurídico, seja sempre concedida preferência ao sentido da norma que seja adequado à Constituição Federal. Assim sendo, no caso de normas com várias significações possíveis, deverá ser encontrada a significação que apresente *conformidade com as normas constitucionais*, evitando sua declaração de inconstitucionalidade e conseqüente retirada do ordenamento jurídico. Extremamente importante ressaltar que *a interpretação conforme a Constituição* somente será possível quando a norma apresentar vários significados, uns compatíveis com as normas constitucionais e outros não, ou, no dizer de Canotilho, 'a interpretação conforme a constituição só é legítima quando existe um *espaço de decisão* (= espaço de interpretação) aberto a várias propostas interpretativas, umas em conformidade com a constituição e que devem ser preferidas, e outras em desconformidade com ela'. Portanto, não terá cabimento a *interpretação conforme a Constituição* quando contrariar texto expresso da lei, que não permita qualquer interpretação em conformidade com a Constituição, pois o Poder Judiciário não poderá, substituindo-se ao Poder Legislativo (leis) ou Executivo (medidas provisórias), atuar como *legislador positivo*, de forma a criar um novo texto legal. Nessas hipóteses, o Judiciário deverá declarar a inconstitucionalidade da lei ou do ato normativo incompatível com a Constituição". Mais adiante, ainda procura este autor explicar como obter uma *interpretação conforme*, nestes termos: "Para que se obtenha uma *interpretação conforme* a Constituição, o intérprete poderá declarar a inconstitucionalidade parcial do texto impugnado, no que se denomina *interpretação conforme com redução do texto*, ou, ainda, *conceder ou excluir* da norma impugnada determinada interpretação, a fim de compatibilizá-la com o texto constitucional. Essa hipótese é denominada *interpretação conforme sem redução do texto*".

Ação Civil Pública

situação como essa, em que a inconstitucionalidade se apresenta tão visível e, afora isso, com a possibilidade concreta de, assim procedendo, haver o comprometimento desses conceitos.

A Defensoria Pública tem uma nobre missão e que não poderá ser desvirtuada com incursões em áreas nas quais não lhe cabe atuar, sob pena de fracassar nessa meritória função de defesa dos necessitados, que no Brasil são milhões de pessoas.

Advirta-se, a propósito, que a insistência em fazer com que a Defensoria Pública defenda em juízo os interesses coletivos *lato sensu* (difusos, *coletivos stricto sensu* e individuais homogêneos) poderá, ao invés de trazer benefício a milhares de pessoas, causar-lhes sérios prejuízos, pois sempre haverá o risco fundado e iminente de o mérito da causa não vir a ser julgado, por ilegitimidade da Defensoria pública, por estar essa nova lei infringindo o disposto no art. 134, *caput*, da CF, o que significa frustrar esperanças de inúmeras pessoas e protelar a entrega do bem da vida a quem de direito.

Afora isso, não tem sentido o legislador desviar a atenção da Defensoria Pública para a atuação em áreas que envolvam interesses difusos, *coletivos stricto sensu* ou individuais homogêneos, quando outros entes estatais e associações já possuem legitimidade para isso e vêm cumprindo essa defesa coletiva a contento.

Eventual emenda à Constituição, alterando o art. 134, *caput*, da CF, para permitir que a Defensoria Pública possa defender em juízo interesses difusos, coletivos *stricto sensu* ou individuais homogêneos, significaria descaracterizar a natureza dessa Instituição, com grande perda de identidade, pois com isso deixaria de ser a guardiã dos necessitados, para converter-se em mais um órgão a defender em juízo também quem não é necessitado.

Assim, cabe à Defensoria Pública, isto sim, reivindicar melhores condições estruturais para bem desenvolver sua elevada missão constitucional, inclusive com dotação orçamentária condigna para que possa levar em frente esse elevado propósito e fazer valer suas autonomias, há pouco tempo conquistadas. Suas atenções devem estar voltadas para a defesa dos *necessitados*, sob pena de desvirtuamento das fundadas razões que nortearam sua criação.

Dessa forma, a Defensoria Pública, se procurar desincumbir-se com denodo dessa sua função institucional constitucionalizada, consistente na efetiva defesa dos *necessitados*, tende a se afirmar como uma instituição de grande importância e de elevada respeitabilidade social; caso contrário, se vier a incursionar por outras áreas, corre o sério risco de comprometer seriamente sua atuação.

5. Classificação da Ação Civil Pública quanto ao plano topográfico-normativo

5.1. Ações Civis Públicas constitucionais

Ações civis públicas constitucionais são aquelas previstas em dispositivos constantes da própria Constituição Federal.

A ação civil pública mais perceptível, de plano, porque traz essa terminologia, é a prevista no art. 129, III, em que se diz ser uma das funções institucionais do Ministério Público a propositura de ação civil pública para a proteção do patrimônio público e social, do meio ambiente e de outros interesses difusos e coletivos.

Também são *ações civis públicas constitucionais*: a) ação de inconstitucionalidade ou representação para fins de intervenção da União e dos Estados (art. 129, IV); b) a ação que visa a defender os direitos e interesses das populações indígenas (art. 129,V); c) a ação de responsabilidade civil embasada em Comissão Parlamentar de Inquérito – CPI (art. 58, § 3º); d) a ação direta de inconstitucionalidade de lei ou ato normativo federal ou estadual, bem como a ação declaratória de constitucionalidade de lei ou ato normativo federal (art. 102, I, *a*).

5.2. Ações Civis Públicas infraconstitucionais

São todas aquelas cuja legitimidade de propositura é conferida ao Ministério Público por normas legais situadas num patamar abaixo das constitucionais. Portanto, trata-se aqui de ações civis públicas ajuizadas com base em dispositivos infraconstitucionais.

5.2.1. Ação Civil Pública matriz

Ação civil pública matriz deve ser considerada aquela que, com esta terminologia, foi incorporada ao Direito Positivo brasileiro e que assumiu significativa dimensão, a ponto de, com o seu advento, em qualquer referência à expressão *ação civil pública*, as atenções imediatamente se voltarem para a da Lei nº 7.347/85.

Em razão disso, forçoso reconhecer que a Lei nº 7.347, de 24 de julho de 1985, deve ser tida como a *ação civil pública matriz*.

Com efeito, não somente no meio jurídico, mas também fora dele, qualquer menção feita à ação civil pública faz com que, de imediato, se tenha em mente a Lei nº 7.347/85.

Ação Civil Pública

Afora isso, trata-se do primeiro diploma processual brasileiro a adotar a terminologia *ação civil pública*, destinada a tutelar interesses difusos e coletivos, também denominados metaindividuais.

Assim, é compreensível entender porque a ação civil pública da Lei nº 7.347/85 deve ser tida como *ação civil pública matriz*, acima de tudo porque, além desse aspecto histórico, inspiradas nela surgiram outras ações civis públicas, com essa mesma terminologia, mas destinadas a tutelar outros interesses transindividuais.

5.2.2. Ações Civis Públicas derivadas

Com o advento da ação civil pública da Lei nº 7.347/85 e a importância que ela passou a ter no cenário jurídico brasileiro, e mesmo nos meios não-jurídicos, considerando a relevância dos bens que passou a tutelar, bem como os resultados positivos que ela passou a apresentar, notadamente no campo da preservação ambiental, isso animou a sociedade a reivindicar a adoção de outras, destinadas a proteger as modalidades mais variadas de interesses metaindividuais.

Com isso, surgiram outras ações civis públicas, denominadas aqui de *ações civis públicas derivadas*, porque mantida a terminologia ação civil pública, quer na sua ementa ou no corpo do diploma legal que as disciplina, e porque inspiradas na grande aceitabilidade social que teve a Lei nº 7.347/85, a *ação civil pública matriz*.

Logo, devem ser tidas como *ações civis públicas derivadas* todas aquelas surgidas após o advento da *ação civil pública matriz* e que tragam as peculiaridades expostas no parágrafo anterior.

Em razão disso, devem ser tidas como *ações civis públicas derivadas* as seguintes: a) a Lei nº 7.853, de 24 de outubro de 1989, que "Dispõe sobre o apoio às pessoas portadoras de deficiência, sua integração social, sobre a Coordenadoria Nacional para Integração da Pessoa Portadora de Deficiência (CORDE), institui a tutela jurisdicional de interesses coletivos ou difusos dessas pessoas, disciplina a atuação do Ministério Público, define crimes, e dá outras providências"; b) a Lei nº 7.913, de 7 de dezembro de 1989, que "Dispõe sobre a ação civil pública de responsabilidade por danos causados aos investidores no mercado de valores mobiliários"; c) a Lei nº 8.069, de 13 de julho de 1990, Estatuto da Criança e do Adolescente, ao dispor, em seu art. 201, V, competir ao Ministério Público "promover o inquérito civil e a *ação civil pública* para a proteção dos interesses individuais, difusos ou coletivos relativos à infância e à adolescência, inclusive os definidos no art. 220, § 3º, inciso II, da Constituição

Federal"; d) a Lei nº 10.741, de 1º de outubro de 2003, Estatuto do Idoso, que, em seu art. 74, diz competir ao Ministério Público: "I – instaurar o inquérito civil e a *ação civil pública* para a proteção dos direitos e interesses difusos ou coletivos, individuais indisponíveis e individuais homogêneos do idoso".

Assim, cabível essa novel terminologia, utilizada neste trabalho, porque todas essas leis, nas suas ementas ou no seu corpo, utilizam expressamente a nomenclatura *ação civil pública*.

5.2.3. Ações Civis Públicas inominadas

Há, ainda, ações civis públicas que estão situadas no plano infraconstitucional, mas que não adotam essa nomenclatura, ou seja: o legislador, em nenhum momento, as denominou de ação civil pública, muito embora o sejam, pois o Ministério Público está legitimado a propô-las.

Assim, o traço característico dessas ações é não serem adjetivadas de *públicas*. Contudo, trata-se de ações civis públicas, em face da qualidade da parte que pode promovê-las, no caso, o Ministério Público, razão por que devem ser consideradas *ações civis públicas inominadas*, porquanto não trazem consigo essa terminologia.

Conseqüentemente, *ações civis públicas inominadas* são todas aquelas em que o Ministério Público está legitimadc a ajuizá-las, a despeito de não adotarem a terminologia *ação civil pública*.

Assim, são exemplos de *ações civis públicas inominadas* baseadas em leis esparsas ou extravagantes: a) a da Lei nº 8.429, de 02 de junho de 1992, pois, em seu art. 17, legitima o Ministério Público para a propositura da ação principal em casos de improbidade administrativa; b) a da Lei nº 8.078, de 11 de setembro de 1992, Código de Defesa do Consumidor (CDC), quando confere legitimidade ao Ministério Público para a propositura de ação em favor de interesses coletivos *lato sensu* dos consumidores (art. 82, I); a Lei nº 10.671, de 15 de maio de 2003, Estatuto de Defesa do Torcedor, quando, em seu art. 40, ao dizer que "a defesa dos interesses e direitos dos torcedores em juízo observará, no que couber, a mesma disciplina da defesa dos consumidores em juízo de que trata o Título III da Lei nº 8.078, de 11 de setembro de 1990", e este, em seu art. 82, I, confere legitimidade ao Ministério Público para ajuizar ação civil em defesa dos interesses coletivos *lato sensu* dos consumidores, o que significa que ele também pode ajuizá-la em favor dos torcedores.

De outro lado, podem ser citados como exemplos de *ações civis públicas inominadas*, previstas no Código Civil brasileiro, as seguintes: a) a ação de declaração de ausência, pois o Ministério Público está legitimado a ajuizá-la (art. 22); b) a ação de extinção de fundação, quando proposta pelo Ministério Público (art. 69); c) a ação de liquidação judicial de sociedade, pois o Ministério Público detém legitimidade para propô-la (art. 1.037, *caput*); d) a ação de nulidade de casamento (art. 1.549), uma vez que o Ministério Público ostenta legitimidade para intentá-la; e) a ação de suspensão do poder familiar, ajuizada pelo Ministério Público.

Por fim, cabe ainda citar alguns casos em que ocorrem *ações civis públicas inominadas*, previstas no Código de Processo Civil: a) a que desencadeia procedimento de jurisdição voluntária, levando em conta a legitimidade ativa assegurada ao Ministério Público para tanto (art. 1.104); b) a ação rescisória, considerando que o Ministério Público pode propô-la (art. 487, III); c) a ação de abertura de inventário, havendo herdeiros incapazes, considerando que também aqui o Ministério Público pode desencadeá-la (art. 988, VIII); d) a ação de execução ajuizada pelo Ministério Público (art. 566, II).

Parte II

A fase pré-processual da
Ação Civil Pública

1. Do inquérito civil

1.1. Origem e conceito

Inquérito significa o conjunto de atos destinados a apurar a ocorrência de determinados fatos, isto é, esclarecendo todas as circunstâncias com eles relacionadas: como tiveram início, os seus desdobramentos e como terminaram. O vocábulo *inquérito* provém do verbo latino *quaeritare*, que significa investigar.

O inquérito civil representa uma modalidade[35] de inquérito introduzida no Direito Positivo brasileiro pelo § 1º do art. 8º da Lei 7.347/85, que expressamente assim preceitua: "O Ministério Público poderá instaurar, sob sua presidência, inquérito civil, ou requisitar, de qualquer organismo público ou particular, certidões, informações, exames ou perícias, no prazo que assinalar, o qual não poderá ser inferior a 10 (dez) dias úteis".

Com o advento da Constituição Federal de 1988, o inquérito civil foi constitucionalizado. Com efeito, no art. 129, que trata das funções institucionais do Ministério Público, está, entre outras, a de instaurar inquérito civil destinado a apurar fatos que possam afetar a proteção do patrimônio público e social, do meio ambiente e de outros interesses difusos e coletivos (inciso III).

O inquérito civil pode ser conceituado como o instrumento de investigação próprio do Ministério Público, que se destina a averiguar fatos lesivos aos interesses e direitos que lhe cabe tutelar extrajudicialmente ou em juízo.

Com isso se está a dizer que descabe a instauração de inquérito civil por outro ente estatal ou co-legitimado para a propositura de

---

[35] Existem outras modalidades de inquérito acolhidas pelo Direito Positivo brasileiro, a saber: a) inquérito policial; b) inquérito policial-militar; c) inquérito administrativo; d) inquérito judicial; e) inquérito parlamentar, decorrente da instauração de comissão parlamentar de inquérito (CPI).

Ação Civil Pública

ações civis, com vista a tutelar interesses coletivos *lato sensu* ou de outra natureza, por ser ele instrumento de investigação privativo do Ministério Público. Tanto é assim que sua instauração é feita por um de seus membros com atribuição para assim proceder, o qual deverá presidi-lo, conforme arts. 8º, § 1º, da Lei nº 7.347/85; art. 26, I, da Lei Orgânica Nacional do Ministério Público dos Estados;[36] arts. 6º, VI; 7º, I; 38, I; 84, II, e 150, I, da Lei Orgânica e do Estatuto do Ministério Público da União.[37] Afora isso, é a própria Constituição Federal que dispõe ser o inquérito civil um instrumento de investigação do Ministério Público (art. 129, III), e em nenhum outro dispositivo constitucional é conferida tal atribuição a qualquer outro ente estatal.

Com isso se pode afirmar que a edição de norma infraconstitucional que viesse a permitir a instauração de inquérito civil por qualquer pessoa física ou jurídica de direito privado ou ente estatal estaria irremediavelmente maculada por vício de inconstitucionalidade material, considerando o disposto no art. 129, III, da Constituição Federal.

Cabe ainda salientar que o inquérito civil tem caráter eminentemente inquisitorial. Logo, não se submete ao princípio do contraditório, tampouco ao da ampla defesa, razão por que a ele é inaplicável o disposto no art. 5º, LV, da CF. Isso não impede, contudo, que o agente do Ministério Público admita a juntada de arrazoados ou documentos aos autos desse inquérito, solicitados pelo investigado, pois, acima de tudo, o que se busca com esse instrumento é o esclarecimento dos fatos na sua plenitude.

A propósito, nesse sentido é o entendimento de Hugo Nigro Mazzilli,[38] ao asseverar que "O inquérito civil é procedimento investigatório não contraditório; nele não se decidem interesses nem se aplicam sanções; antes, ressalte-se sua informalidade."

Também nessa mesma linha doutrinária se insere o que sustenta José dos Santos Carvalho Filho,[39] ao dizer que ao inquérito civil não se aplica o princípio contraditório, dada a sua natureza inquisitorial.

---

[36] Lei nº 8.625, de 12 de fevereiro de 1993.

[37] Lei Complementar nº 75, de 20 de maio de 1993.

[38] MAZZILLI, Hugo Nigro. *A defesa dos interesses difusos em juízo:* meio ambiente, consumidor, patrimônio cultural, patrimônio público e outros interesses. *Op. cit.,* p. 400.

[39] CARVALHO FILHO, José dos Santos. *Ação civil pública:* comentários por artigo (Lei nº 7.347/85, de 24/7/85). 5. ed. Rio de Janeiro: Lumen Juris, 2005. p. 254.

Outro não é o entendimento preconizado por Motauri Cioc-chetti de Souza,[40] ao sustentar que o inquérito civil tem como uma de suas características a inquisitoriedade; isso significa que "[...] não temos na espécie um processo administrativo, mas um procedimen-to, que se destina à apuração de um fato e de sua autoria".

De outro lado, o inquérito civil está a merecer uma outra leitura investigativa quanto ao seu objeto.

O inquérito civil não deve ser visto como instrumento de in-vestigação do Ministério Público destinado a apurar somente fatos lesivos aos interesses e direitos coletivos *lato sensu*. E isso porque o seu objeto é mais amplo.

Com efeito, o inquérito civil não se limita a investigar somente fatos que possam comprometer a efetiva preservação de interesses e direitos coletivos *lato sensu*. Pensar que o objeto deste inquérito se localizaria somente nessa área de interesses coletivos implicaria tolher a investigação de fatos que dizem respeito à necessária tute-la de interesses individuais indisponíveis, os quais também cabe ao Ministério Público defender (arts. 127, *caput*, da CF; 25, IV, *a* , da Lei n° 8.625/93; e 6°, VII, *c*, da Lei Complementar n° 75/93).

Afora isso, cabendo ao Ministério Público defender a ordem jurídica e o regime democrático, é também possível a instauração de inquérito civil com o propósito de apurar fatos que possam com-prometer a preservação dessa ordem e desse regime, pois, com isso, poderia estar ocorrendo, v.g., ofensa a direitos constitucionais a este respeito (art. 6°, VII, *a*, da Lei Complementar 75/93).

De outro lado, cabendo ao Ministério Público, v.g., tutelar di-reitos cuja efetividade pode ser alcançada, frente aos Poderes Públi-cos (art. 129, II, da CF), por atos de simples recomendação[41] (art. 6°, XX, da Lei Complementar 75/93, e art. 26, VII, da Lei n° 8.625/93), sem a necessária postulação, para que isso ocorra, perante o Poder Judiciário, também aqui é possível a instauração de inquérito civil a respeito desta temática; o mesmo ocorre nas hipóteses em que, ao zelar pelas fundações (art. 62 do CC), o Ministério Público, para lhes aprovar os estatutos ou as contas, necessite investigar fatos para que possa, a final, ter condições de manifestar-se favoravelmente, ou não, a essa aprovação.

---

[40] SOUZA, Motauri Ciocchetti de. *Ação civil pública e inquérito civil*. 2. ed. São Paulo: Saraiva, 2005. p. 102-103.

[41] Esta atribuição o Ministério Público a exerce como *ombudsman*; durante os trabalhos da Assembléia Nacional Constituinte, prevaleceu a corrente que sustentava ser possível conferir a ele também essa função institucional, em detrimento da outra, que pretendia criar um órgão autônomo para desempenhá-la.

E isso porque, sendo essas também funções afetas por lei ao Ministério Público, está este autorizado a instaurar inquérito civil destinado a apurar fatos relacionados com o exercício delas (art. 26, I, da Lei nº 8.625/93 e art. 7º, I, da Lei Complementar 75/93).

Logo, o objeto do inquérito civil alcança não somente a investigação de interesses coletivos *lato sensu*, mas também de individuais indisponíveis e dos relacionados à defesa da ordem jurídica e do regime democrático, passíveis de ação civil pública, bem como daqueles pelos quais o Ministério Público cabe zelar, e cuja efetividade, em de regra, é conseguida na esfera extrajudicial.

1.2. Natureza jurídica

Outro ponto importante a investigar é a natureza jurídica dos atos praticados no inquérito civil, não com finalidade meramente acadêmica, mas com a de, a partir daí, fixar as conseqüências jurídicas decorrentes.

No inquérito civil, sabidamente, não há a prática de ato legislativo ou jurisdicional, pois quem o instaura e preside, necessariamente, deve ser um membro do Ministério Público, que não pertence ao Poder Legislativo, tampouco ao Judiciário.

A propósito, preleciona Juarez Freitas[42] que:

"Caracterizam-se os atos administrativos como aqueles atos jurídicos expedidos por agentes públicos (incluindo os que atuam por delegação no exercício das atividades de administração (inconfundíveis com os atos jurisdicionais ou legislativos), cuja regência, até quando envolvem atividade de exploração econômica, há de ser matizada por normas juspublicistas, pois qualquer atuação estatal somente se legitima se imantada pelos princípios fundamentais de Direito Público, que devem reger a rede das relações jurídico-administrativas."

Assim, por exclusão, os atos instauratório, de desenvolvimento e término do inquérito civil são eminentemente de caráter administrativo.

Mas de que tipo de ato administrativo se trata quanto ao grau de liberdade? Os atos de instauração e de desenvolvimento do inquérito civil são atos administrativos discricionários, pois o agente do Ministério Público os pratica de acordo com um dos comporta-

---

[42] FREITAS, Juarez. *O controle dos atos administrativos e os princípios fundamentais*. 3. ed. São Paulo: Malheiros, 2004, p. 209.

mentos que a lei prescreve.[43] No caso da instauração do inquérito civil, ela poderá ocorrer ou não. Tanto a norma constitucional (art. 129, III) quanto as disposições infraconstitucionais (art. 26, I, da Lei nº 8.625/93 e art. 7º, I, da Lei Complementar nº 75/93), na medida em que autorizam seja o inquérito civil instaurado, a *contrario sensu*, estão permitindo a sua não-instauração. Logo, pode o membro do Ministério Público, no exercício de suas funções, optar por uma conduta omissiva (não-instauração) ou comissiva (instauração), em estrita observância, assim, ao princípio da legalidade.[44]

Os atos que implicam desenvolvimento do inquérito civil igualmente são atos administrativos discricionários, considerando que a lei não determina, necessariamente, a inquirição de testemunhas, requisição de documentos ou a realização de perícia; ela apenas faculta a produção dessas provas; em conseqüência, os atos de inquirir, de requisitar e de periciar poderão não ser realizados.

Quanto ao encerramento do inquérito civil, este ato administrativo poderá dar-se no sentido de que, em face dos elementos coligidos, seja impositivo o ajuizamento de ação civil pública, ou, então, ocorra o seu arquivamento. Sendo essas as opções do agente do Ministério Público, o ato administrativo de encerramento, dado o acima exposto, é discricionário. Contudo, o ato de arquivamento assume natureza de ato administrativo *sui generis*, quanto a sua cronologia. E isso porque, num primeiro momento, enquanto a promoção de arquivamento é tida como ato discricionário, a conseqüência daí decorrente, que implica submeter o inquérito civil ao crivo do Conselho Superior do Ministério Público, isto é, *o ato de envio*, é ato administrativo vinculado,[45] pois não é dada outra alternativa ao agente ministerial que não esta: enviar os autos do inquérito civil ao Conselho Superior da Instituição, que poderá confirmar, ou não, esse arquivamento, no prazo de três dias, sob pena de incorrer em falta grave.

Logo, o ato de arquivamento do inquérito civil é revestido de caráter *administrativo composto*, ou seja: constitui-se de dois atos. As-

---

[43] GASPARINI, Diógenes. *Direito Administrativo*. 11. ed. São Paulo: Saraiva, 2006. p. 98, considera que "Discricionários são os atos administrativos praticados pela Administração Pública conforme um dos comportamentos que a lei prescreve."

[44] MELLO, Celso Antônio Bandeira de. *Curso de Direito Administrativo*. 20. ed. São Paulo: Malheiros, 2006. p. 94, observa que "O princípio da legalidade, no Brasil, significa que a Administração nada pode fazer senão o que a lei determina".

[45] GASPARINI, Diógenes. *Op. cit.*, p. 97, diz que "Vinculados são os atos administrativos praticados conforme o único comportamento que a lei prescreve à Administração Pública. A lei prescreve, em princípio, se, quando e como deve a Administração Pública agir ou decidir. A vontade da lei só estará satisfeita com esse comportamento, já que não permite à Administração Pública qualquer outro".

Ação Civil Pública

sim, discricionário quanto ao ato de arquivar, mas vinculado quanto ao seu envio ao Conselho Superior, pois, quanto a este, a sua prática é imperativa, não tendo a lei admitido outra conduta do agente que não esta. E, quanto à composição da vontade, trata-se de atos *administrativos simples singulares*,[46] pois, na verdade, oriundos de um agente do Ministério Público que promove o arquivamento e o envio desse inquérito ao aludido Conselho, conquanto possa ser praticado por mais de um membro da Instituição, mas, mesmo assim, não há a constituição de um colegiado formal. Logo, trata-se de *atos administrativos simples singulares*, o mesmo ocorrendo com os decorrentes de instauração e desenvolvimento do inquérito civil.

Sendo de natureza administrativa, os atos praticados no inquérito civil sujeitam-se não somente a controle interno, no âmbito do próprio Ministério Público, pelo seu Conselho Superior, mas também àquele exercido pelo Poder Judiciário.

1.3. Controle interno

Promovido o arquivamento do inquérito civil pelo membro do Ministério Público que o preside, os autos desse procedimento administrativo deverão ser remetidos, sob pena de falta grave desse agente ministerial, no prazo de três dias, ao Conselho do Ministério Público (art. 9º, § 1º, da Lei nº 7.347/85), devendo esta ritualística de encaminhando, por analogia, ser aplicada a todos os demais casos em que haja instauração de inquérito civil, que não disponham de regramento a este respeito, como forma de colmatação de lacuna, por se tratar aqui de disposição inserida na *ação civil pública matriz*, que, por isso mesmo, serve de modelo às demais.

Com esse comando legal se torna efetivo o controle de arquivamento dos autos do inquérito civil no âmbito interno dessa Instituição.

O Conselho Superior do Ministério Público poderá: a) confirmar o ato de arquivamento do inquérito civil; b) designar outro membro da Instituição para ajuizar ação civil pública, quando entender que o arquivamento foi indevido e houver condições jurídico-probatórias para isso; ou c) baixar à origem os autos do inquérito civil para serem feitas novas diligências.

Em sendo assim, em face do acima exposto, os atos praticados pelo Conselho Superior do Ministério Público são *atos administrativos discricionários*, quanto ao grau de liberdade que ostenta este co-

---

[46] *Ibidem*, p. 83. O autor esclarece que "Atos simples singulares sãos os que provêm de um único agente (nomeação de um funcionário)".

legiado para decidir a respeito dos rumos do inquérito; e, quanto à composição de vontade, trata-se de atos *administrativos simples colegiais*,[47] pois decorrem de manifestações de vontades de todos os integrantes desse Conselho.

Para tornar mais efetivo o controle interno do inquérito civil, mormente levando em conta a relevância de que hoje ele se reveste, pois sua instauração constitui, inclusive, causa que obsta a decadência, no âmbito da relação de consumo, quanto ao direito de reclamar por vícios aparentes ou de fácil de constatação verificados em produtos ou prestação de serviços (art. 26, § 2°, III, do CDC), é que o Ministério Público brasileiro procurou regulamentar esse instrumento investigativo.

Exemplo disso são os Provimentos n°s 006/96[48] e 55/2005,[49] este modificando aquele em parte, do Ministério Público do Rio Grande do Sul, em que se procura estabelecer normas procedimentais a serem observadas desde a instauração do inquérito civil até o seu encerramento. Dentre elas, cabem destacar as seguintes, conforme dispõe o Provimento n° 55/2005: a) O inquérito civil poderá ser instaurado: I – de ofício; II – em face de representação; III – por determinação do Procurador-Geral de Justiça, na solução de conflito de atribuição ou delegação de sua atribuição originária; IV – por determinação do Conselho Superior do Ministério Público, quando prover recurso contra a não-instauração de inquérito civil ou desacolher a promoção de arquivamento de peças de informação (art. 2°); b) Caberá ao Órgão de Execução investido da atribuição para propositura da ação civil pública a responsabilidade pela instauração de inquérito civil (art. 3°, *caput*); c) Para a instauração de inquérito civil, o Órgão de Execução, mediante despacho, determinará a elaboração de portaria, a sua autuação e a dos documentos que a originaram, o registro no sistema gerenciador de promotorias e, se for o caso, a realização de diligências investigatórias iniciais (art. 8°, *caput*); d) O Órgão de Execução deverá remeter ao Procurador-Geral de Justiça as requisições ou notificações necessárias que tiverem como destinatários o Governador do Estado, os membros do Poder Legislativo estadual, os Desembargadores e os Conselheiros do Tribunal de Contas do Estado, para subseqüente encaminhamento (art. 9°, § 5°); e) É defeso

---

[47] GASPARINI, Diógenes. *Op. cit.*, p. 83, preleciona que "Atos simples colegiais são os que provêm do concurso de várias vontades unificadas de um mesmo órgão e no exercício da mesma função. São exemplos os atos das Comissões, Conselhos e Tribunais Administrativos".

[48] Provimento n° 006, de 23 de outubro de 1996, do Procurador-Geral de Justiça do Rio Grande do Sul.

[49] Provimento n° 55, de 12 de dezembro de 2005, do Procurador-Geral de Justiça do Rio Grande do Sul, publicado no Diário da Justiça do Estado de 13 de dezembro de 2005.

Ação Civil Pública

ao Órgão de Execução manifestar-se publicamente sobre qualquer fato que não esteja apurado, salvo para explicar as providências realizadas (art. 12); f) O inquérito civil deverá ser concluído no prazo de 180 (cento e oitenta) dias, prorrogável quando necessário, cabendo ao Órgão de Execução motivar a prorrogação nos próprios autos (art. 14).

De outro lado, mediante a Resolução n° 87,[50] o Ministério Público Federal também estabeleceu regras disciplinadoras do inquérito civil; dentre elas merecem destaque as seguintes: a) O inquérito civil poderá ser instaurado: I – de ofício; II – em face de requerimento ou representação de qualquer pessoa ou de comunicação de outro órgão do Ministério Público, da autoridade judiciária, policial ou qualquer outra autoridade; III – por determinação de Câmara de Coordenação e Revisão do Ministério Público Federal ou da Procuradoria Federal dos Direitos do Cidadão, nos casos em que tenha recusado o arquivamento de peças informativas, promovido por órgão da Instituição (art. 2°); b) O inquérito civil será instaurado por portaria fundamentada, devidamente registrada e autuada, que deverá conter, dentre outros elementos, os seguintes: I – a descrição do fato objeto do inquérito civil; II – o nome e a qualificação da pessoa física ou jurídica a quem o fato é atribuído, quando possível; III – a determinação de autuação da portaria e das peças de informação que originaram a instauração; IV – a determinação de diligências investigatórias iniciais (art. 5°, *caput*); c) Da instauração do inquérito civil far-se-á comunicação à Câmara de Coordenação e Revisão respectiva ou à Procuradoria Federal dos Direitos do Cidadão, no prazo de 10 dias, sem prejuízo da publicidade (art. 6°); d) O inquérito civil deve ser encerrado no prazo de 01 (um) ano, prorrogável pelo mesmo prazo e quantas vezes forem necessárias, por decisão fundamentada de seu presidente, à vista da imprescindibilidade da realização ou conclusão de diligências e desde que autorizadas pela Câmara de Coordenação e Revisão pertinente ou pela Procuradoria Federal dos Direitos do Cidadão (art. 15, *caput*); e) Dar-se-á publicidade da prorrogação, cientificando-se a Câmara de Coordenação e Revisão respectiva ou a Procuradoria dos Direitos do Cidadão (parágrafo único do art. 15); f) Os atos e peças do inquérito civil são públicos, nos termos desta regulamentação, salvo disposição legal em contrário ou decretação de sigilo, devidamente fundamentada (art. 16 *caput*).

---

[50] Resolução n° 87, de 03 de agosto de 2006, do Conselho Superior do Ministério Público Federal, publicada no Diário da Justiça da União, de 22 de agosto de 2006, p. 832-3, "Regulamenta, no âmbito do Ministério Público Federal, a instauração e tramitação do Inquérito Civil (art. 6°, VII, da Lei Complementar n° 75/93 e art. 8°, § 1°, da Lei n° 7.347/85)."

Essas regras, constantes de provimento ou de resolução, servem para bem mostrar o rígido controle interno por que passa o inquérito civil. Além disso, os atos administrativos praticados pelos agentes do Ministério Público, desde a instauração até o encerramento do inquérito civil, devem necessariamente ater-se ao que dispõem essas normas regulamentadoras.

Assim, qualquer ato de agente do Ministério Público que contrariar o disposto nesse provimento ou resolução é passível de anulação, por infringência legal, uma vez que eles são espécies de atos normativos. E, sabidamente, atos normativos, embora não sejam leis em sentido formal, o são em sentido material. Logo, qualquer ato de instauração, desenvolvimento ou término de um inquérito civil, que vier a ser feito contrariamente ao que dispõem esses atos normativos, deve ser considerado ilegal.

1.4. Controle jurisdicional

O inquérito civil também se submete a controle realizado pelo Poder Judiciário. Trata-se de um enfoque que, sob esta ótica, não costuma ser enfrentado pela doutrina com o devido esmiuçamento.

Contudo, sendo o inquérito civil um procedimento administrativo destinado a apurar fatos que reclamam o agir do Ministério Público no desempenho de suas funções constitucionais ou legais, com a prática de atos administrativos, em seu nascimento, desenvolvimento e término, natural que o Poder Judiciário venha a ser chamado a manifestar-se sobre eles quanto a eventuais ilegalidades, abusividades ou constrangimentos que estejam a causar.

Sendo assim, é possível atacar tais atos, praticados no inquérito civil, mediante mandado de segurança ou *habeas corpus*.

É cabível mandado de segurança toda vez que os atos praticados no inquérito civil estiverem a macular direito líquido e certo, não amparado por *habeas corpus*, quer em decorrência de sua ilegalidade, quer por abuso de poder.[51]

Nesse sentido já decidiu o Tribunal de Justiça do Rio Grande do Sul,[52] ao denegar mandado de segurança para trancar inquérito civil

---

[51] Dispõe o art. 1º da Lei nº 1.533, de 31 de dezembro de 1951, que trata do mandado de segurança: "Conceder-se-á mandado de segurança para proteger direito líquido e certo, não amparado por *habeas corpus*, sempre que, ilegalmente ou com abuso de poder, alguém sofrer violação ou houver justo receio de sofrê-la por parte de autoridade, seja de que categoria for e sejam quais forem as funções que exerça".

[52] 1ª Câmara Cível do Tribunal de Justiça do Tribunal de Justiça do Rio Grande do Sul. Mandado de Segurança nº 700011699576. Relator: Des. Carlos Roberto Lofego Caníbal. Julgado em 09 de novembro de 2005. Disponível em: http://www.tj.rs.gov.br. Acesso em: 17 out. 2006.

Ação Civil Pública

47

instaurado para apurar atos de improbidade administrativa. Concedeu-o, todavia, para o efeito de vedar a utilização de prova obtida ilicitamente mediante escuta telefônica.

Sustentar o seu descabimento para atacar atos ilegais ou abusivos eventualmente praticados no inquérito civil seria ignorar, como observa Celso Antônio Bandeira de Mello,[53] "[...] que a função pública, no Estado Democrático de Direito, é a atividade exercida no cumprimento do dever de alcançar o interesse público, mediante o uso dos poderes instrumentalmente necessários conferidos pela ordem jurídica".

Logo, quando essa atividade é exercida de maneira indevida, contrária à ordem jurídica democrática, com a prática de atos ilegais ou abusivos, seus efeitos devem cessar mediante a utilização de remédios jurídico-processuais adequados, no caso, por meio de mandado de segurança.

É igualmente cabível a impetração de *habeas corpus* quando uma pessoa, a ser ouvida no inquérito civil, esteja sendo cerceada no seu direito de ir, ficar e vir, pois, embora notificada a comparecer perante a autoridade apontada como coatora – o agente do Ministério Público –, não o foi na forma lei, e deixa de comparecer, o que motivou o desencadeamento de atos executórios tendentes a sua condução coercitiva, o que é possível (arts.26, I, *a*, da Lei nº 8.625/93 e 8º, I, da Lei Complementar nº 75/93), mas desde que comprovada sua necessidade e realizada de acordo com os ditames legais.

2. Do compromisso de ajustamento

2.1. Origem e evolução

Cabe, inicialmente, registrar que o compromisso de ajustamento foi incorporado ao Direito Positivo brasileiro pelo art. 211 do Estatuto da Criança e do Adolescente, Lei 8.069/90, que assim dispõe: "Os órgãos públicos legitimados poderão tomar dos interessados compromisso de ajustamento de sua conduta às exigências legais, o qual terá eficácia de título executivo extrajudicial".

Posteriormente, o Código de Defesa do Consumidor, art. 113, introduziu parágrafos ao art. 5º da Lei 7.347/85, dentre eles o 6º, prevendo a possibilidade de compromisso de ajustamento em casos

---

[53] MELLO, Celso Antônio Bandeira de. *Op. cit.*, p. 29.

de afronta aos bens jurídicos tutelados por esta Lei, assim redigido: "Os órgãos públicos legitimados poderão tomar dos interessados compromisso de ajustamento de sua conduta às exigências legais, mediante cominações, que terá eficácia de título executivo extraju-dicial".

Mais tarde, como decorrência da incorporação do instituto do compromisso de ajustamento ao Direito Positivo brasileiro, o Código de Processo, art. 585, inciso II, com redação determinada pela Lei n° 8.953, de 13 de dezembro de 1994, passou a considerar também como título executivo extrajudicial "o instrumento de transação referendado pelo Ministério Público, pela Defensoria Pública ou pelos advogados dos transatores".

Por fim, ainda cabe salientar que dentre os títulos executivos de natureza processual trabalhista está o termo de ajustamento de conduta firmado perante o Ministério Público do Trabalho (art. 876 da CLT).

2.2. Conceito

Por compromisso de ajustamento, no âmbito da Lei 7.347/85, deve-se entender o ato jurídico processual ou extraprocessual mediante o qual a pessoa física ou jurídica que esteja a lesar os bens jurídicos tutelados por essa lei assume, perante um órgão público legitimado para a propositura de ação civil pública ou coletiva, sua inequívoca vontade de ajustar-se às exigências estabelecidas em lei, de restabelecer o *status quo ante*, afetado por ato comissivo ou omissivo considerado ilícito, manifestação essa com eficácia de título executivo extrajudicial (art. 585, II, do CPC) quando feita anteriormente ao ajuizamento da demanda ou quando não submetida ao crivo do juiz, pois, se o foi, o título será considerado judicial (art. 475-N, III, do CPC).

O compromisso de ajustamento, ao contrário do que se possa pensar, não é de ser realizado somente na esfera extrajudicial, pois não tendo a lei feito restrição nesse sentido, descabe ao intérprete fazê-lo.

2.3. Formas de realização

O compromisso de ajustamento pode ser *extrajudicial* ou *judicial*. Será extrajudicial quando formalizado: a) em representação formulada por qualquer interessado perante um órgão público co-legitimado pela Lei 7.347/85; b) em procedimento administrativo

Ação Civil Pública

instaurado pelo Ministério Público na forma dos arts. 26, I, da Lei 8.625/93 e 7º, I, da Lei Complementar 75/93; e c) nos autos de inquérito civil instaurado pelo Ministério Público com base no art. 8º, § 1º, da Lei 7.347/85. Será judicial quando realizado nos autos de um processo, perante o juiz da causa e por este homologado.

Quando o compromisso de ajustamento for realizado nos autos de um inquérito civil, isso tem como conseqüência o arquivamento desse instrumento investigatório, mas somente após o cumprimento daquele na sua inteireza, caso em que este deverá necessariamente ser submetido ao Conselho Superior do Ministério Público.[54] Caso contrário, por via oblíqua, estar-se-ia inviabilizando o controle desse inquérito pelo referido órgão colegiado, o mesmo ocorrendo quando o compromisso de ajustamento se dá no âmbito de qualquer procedimento administrativo, anterior ou posterior a esse inquérito, sob pena de infringência ao disposto no § 1º do art. 9º da Lei nº 7.347/85.

2.4. Natureza jurídica

O compromisso de ajustamento assume a natureza jurídica de *transação atípica*.

A propósito, cabe lembrar que, quando ambas as partes manifestam a intenção de terminar o litígio mediante concessões recíprocas (art. 840 do CC), o processo deve ser extinto com base no art. 269, III, do CPC; portanto, com resolução do mérito. A despeito disso, a decisão que o homologa, deve ser atacada por meio de ação rescisória (art. 485, VIII, do CPC).[55]

Trata-se de *transação atípica*, considerando que a ação civil pública, esteja ela situada no plano constitucional ou no infraconstitucional, traz a marca da indisponibilidade quanto ao seu objeto material, pois os direitos que ela visa a proteger não são patrimoniais de caráter privado, caso em que ela é inadmissível (art. 841 do CC).[56] Sendo assim, as concessões recíprocas devem situar-se, por parte do agente do Ministério Público, quanto aos aspectos circunstanciais do litígio, v.g., tempo em que deve o infrator ajustar-se às disposições legais, ou forma de cumprimento dessas disposições, circunstâncias que

---

[54] Dispõe a Resolução nº 87, acima citada, que "Cumpridas as disposições do compromisso de ajustamento de conduta, o membro do Ministério Público promoverá o arquivamento do procedimento administrativo ou do inquérito civil respectivo, remetendo-o, na forma do art. 17, § 3º, desta regulamentação, ao Conselho Superior do Ministério Público."

[55] Ver esclarecimentos mais detalhados a respeito da utilização da ação rescisória no item 3, que trata das considerações complementares.

[56] Dispõe o art. 841 do Código Civil que "Só quanto aos direitos patrimoniais de caráter privado se permite a transação".

levam à conclusão de que o compromisso de ajustamento constitui uma *transação atípica*.

Assim, a *transação típica*, consistente em prevenir ou terminar o litígio mediante concessões mútuas por parte dos interessados (art. 840 do CC), quando realizada, implica disposição do objeto material da demanda, sendo ela, por isso, inadmissível de ocorrer em ação civil pública.

Logo, o compromisso de ajustamento que contemple transação típica, quer seja realizado no plano extrajudicial, quer no judicial, não se mostra válido e eficaz por ser inviável praticar o agente do Ministério Público atos que impliquem disposição do objeto da relação de direito material.

Por conseguinte, quando o compromisso de ajustamento for judicial, o juiz não deve homologá-lo se perceber que está havendo, por parte do agente do Ministério Público, levando em conta os termos em que ele foi elaborado, disposição sobre o objeto material da ação civil pública. E, quando o compromisso de ajustamento for extrajudicial, realizado nos autos de inquérito civil ou no bojo de outro procedimento administrativo, que albergue peças informativas, o Conselho Superior do Ministério Público, com base nesse mesmo fundamento, não deve homologar a promoção lançada em qualquer desses procedimentos.

2.5. Compromisso de ajustamento legal

Compromisso de ajustamento legal é aquele em que o agente do Ministério Público, ou outro órgão público, com atribuição para desencadear medidas judiciais ou extrajudicias na salvaguarda de interesses e direitos que lhes cabe tutelar, o realiza com o infrator que está a infringi-los, manifestando este sua livre vontade de ajustar-se às exigências estabelecidas em lei, cessando com isso a prática desses atos lesivos.

O compromisso de ajustamento pode decorrer de iniciativa do agente do Ministério Público, de outro órgão público, ou do próprio infrator.

2.6. Compromisso de ajustamento ilegal

Compromisso de ajustamento ilegal é aquele, *v.g.*, realizado: a) por agente do Ministério Público sem atribuição legal para fazê-lo; b) em desobediência total ou parcial às normas estabelecidas em lei, às quais o infrator deve ajustar-se; ou c) nos autos de um inquéri-

Ação Civil Pública

to civil, ou outro procedimento administrativo que contenha peças informativas, destinados a apurar fatos lesivos a interesses e bens que ao Ministério Público cabe proteger, em que seu agente pratique atos que impliquem disposição do objeto da relação de direito material; como isso não pode ocorrer, o compromisso de ajustamento deve ser tido como ilegal.

Entre as hipóteses de ajustamento ilegal, por ter sido realizado por agente do Ministério Público sem atribuição para fazê-lo, situa-se: a) aquele em que o agente ministerial, integrante de uma Promotoria ou Procuradoria especializada, que trata de matéria estranha à versada nesse compromisso, mesmo assim o realiza; b) igualmente aquele em que, levando em conta a qualidade da parte infratora da norma de conduta, a ação civil pública seria da competência da Justiça Federal, e quem realiza tal compromisso é um membro do Ministério Público Estadual; ou então ele é feito por um membro do Ministério Público Federal, quando deveria sê-lo por um integrante do Ministério Público Estadual, considerando que a ação civil pública que viesse a ser ajuizada o seria perante a Justiça Estadual.

Cabe ainda referir que o *compromisso de ajustamento* pode ser considerado *totalmente ilegal* quando, em toda a sua extensão, houver desobediência às normas de conduta estabelecidas em lei; de outro lado, ele será considerado *parcialmente ilegal*, quando apenas algumas de suas cláusulas não estiverem de acordo com essas normas de conduta legais. Assim, haverá ilegalidade total do compromisso de ajustamento quando todas as suas cláusulas tiverem sido elaboradas em desacordo com as normas de conduta previstas em lei; quando esse malferimento atingir apenas algumas de suas cláusulas, a ilegalidade será parcial, caso em que se mantêm válidas e eficazes as demais.

Em caso de ilegalidade total do compromisso de ajustamento, não há como salvá-lo, devendo ser declarado nulo em toda a sua extensão. Em se tratando de ilegalidade parcial, ele subsiste em relação àquelas cláusulas elaboradas em conformidade com as normas de conduta preconizadas pela lei aplicável à espécie, devendo as demais, que as contrariarem, ser declaradas nulas.

3. Considerações complementares

Pelo que se viu nos itens anteriores deste capítulo, a atividade jurisdicional não somente passa a ser exercida a partir da propositura[57] da ação civil pública, mas alcança também a sua fase pré-processual.

Com efeito, a atividade jurisdicional pode ocorrer no âmbito do inquérito civil, quando houver a prática de atos administrativos ilegais ou abusivos passíveis de mandado de segurança; ou ainda, quando alguém estiver sendo ameaçado na sua liberdade de ir, ficar ou vir, caso em que ela se dá em nível de *habeas corpus*.

De outro lado, também ocorre atividade jurisdicional em se tratando de compromisso de ajustamento ilegal em nível de ação de conhecimento declaratória de nulidade (art. 4° do CPC), que objetive ver declarada a nulidade do título, quando ele tiver sido formalizado extrajudicialmente.

Quando se tratar de compromisso de ajustamento judicial, portanto, aquele em que foi homologado perante o juiz da causa, para tornar sem efeito essa homologação e, por conseguinte, tornar ineficaz o compromisso de ajustamento, a via adequada é a ação rescisória (art. 485, VIII, do CPC), a despeito de posição jurisprudencial em sentido contrário, entendendo que a sentença meramente homologatória de transação deve ser desconstituída por meio de ação anulatória (art. 486 do CPC).[58]

Sustenta-se aqui esse entendimento, levando em conta o fato de que, pelo art. 269, III, do CPC, o provimento judicial que põe fim ao litígio em razão de transação implica resolução do mérito, e o art. 485, VIII, deste mesmo diploma legal prevê o cabimento de ação rescisória quando a sentença de mérito, transitada em julgado, se tenha baseado em transação.

Ademais, mostra-se correto o ajuizamento de ação rescisória, e não de ação anulatória, porque o juiz, ao homologar o compromisso de ajustamento, não se limita a praticar um ato meramente homologatório, levando em conta tão-somente a vontade das partes. E isso porque ele deve fazer um exame mais profundo, cabendo-lhe verificar se o compromisso de ajustamento está de acordo com os ditames legais. Exerce o juiz aí, por isso, uma cognição mais ampla, um exame mais acurado, diferentemente do que ocorre nas simples homologações judiciais, próprias das transações típicas, em que ambas as partes podem dispor do objeto material.

---

[57] De acordo com o art. 263 do CPC, "Considera-se proposta a ação, tanto que a petição inicial seja despachada pelo juiz, ou simplesmente distribuída, onde houver mais de uma vara. A propositura da ação, todavia, só produz, quanto ao réu, os efeitos mencionados no art. 219 depois que for validamente citado".

[58] Quarta Turma do Superior Tribunal de Justiça. Recurso Especial n° 509793-RS. Relator: Min. Jorge Scartezzini. Julgado em 04 de maio de 2006. Disponível em: http://www.stj.gov.br. Acesso em: 23 out. 2006.

Além disso, a atividade jurisdicional poderá dar-se em relação ao compromisso de ajustamento ainda em outra situação. Isso ocorre quando ele tiver sido descumprido, e o Ministério Público der cumprimento à sentença homologatória, promovendo atos executivos.

Assim, a atividade jurisdicional é desenvolvida não somente a partir da propositura da ação civil pública, mas alcança também a sua fase pré-processual, quando se fizer necessário atacar atos anteriores ao seu ajuizamento, praticados no inquérito civil ou no compromisso de ajustamento.

Cabe ainda destacar que o inquérito civil, em face do acima exposto, se submete a duplo controle: *interno*, pelo Conselho Superior do Ministério Público; e *externo*, pelo Poder Judiciário. O mesmo se pode dizer com relação ao compromisso de ajustamento de conduta.

Parte III

Críticas e elogios à Ação Civil Pública

1. Críticas

1.1. Quanto à legitimidade ativa

Um dos temas mais tormentosos envolvendo ação civil pública diz respeito à legitimidade ativa do Ministério Público. Isso, contudo, somente no que se refere à tutela dos interesses individuais homogêneos, considerando que, no que concerne aos difusos e aos coletivos *stricto sensu*, tal legitimidade não vem sendo contestada, conforme observa Ana Maria Scartezzini.[59]

A objeção feita à legitimidade do Ministério Público para defender em juízo direitos individuais homogêneos situa-se, basicamente, no argumento de que a Constituição Federal, ao tratar das funções institucionais desse órgão, entre elas, arrola a de promover a ação civil pública para a proteção do patrimônio público e social, do meio ambiente e de outros interesses difusos e coletivos (art. 129, III), não lhe tendo, assim, sido conferida legitimidade para tutelar em juízo interesses individuais homogêneos.[60]

Todavia, as objeções à legitimidade do Ministério Público para defender em juízo interesses individuais homogêneos não têm razão de ser em sua integralidade.

A questão da ilegitimidade do Ministério Público para propor ação civil pública em defesa de interesses individuais homogêneos assume relevância na medida em que, se ela for reconhecida, isso faz com que a atividade jurisdicional não alcance o exame do mérito

---

[59] SCARTEZZINI, Ana Maria. Ação civil pública. *In*: WALD, Arnoldo (Coord.). *Aspectos polêmicos da ação civil pública*. São Paulo: Saraiva, 2003. p. 13.

[60] A mesma objeção vem sendo feita, em alguns casos, às associações de proteção ao consumidor, para tutelar em juízo, mediante ação coletiva, interesses individuais homogêneos, conforme se pode constatar ao examinar o REsp 97.455-SP, 1ª Turma do Superior Tribunal de Justiça, Rel. Min. Demócrito Reinaldo, em que o IDEC, Instituto Brasileiro de Defesa do Consumidor, foi considerado parte ilegítima para propor essa demanda, aresto referido por WALD, Arnold (Coord.). *Contratos bancários de depósito em caderneta de poupança*. Descabimento de ação civil pública e irretroatividade da lei. Aspectos polêmicos da ação civil pública. São Paulo: Saraiva, 2003. p. 28.

da causa, situação em que o processo será extinto sem resolução do mérito, mediante uma sentença terminativa (art. 267, VI, do CPC), podendo, inclusive, antes disso, na fase em que ainda não está angularizada a relação jurídico-processual, a petição inicial ser indeferida (art. 267, I, combinado com o art. 295, II, do CPC).

Em decorrência disso, a *macrolide*[61] permanece em estado de litigiosidade contida, agora em grau mais elevado, na medida em que a causa foi submetida à apreciação judicial e não foi dirimida, pois o processo foi extinto sem resolução do mérito, o que provoca maior frustração e fomenta intenso grau de angústia entre os titulares dos interesses lesados, e o fato de serem inúmeros causa uma insatisfação múltipla, pois vascularizada entre todos eles.

Com isso, em conflitos de massa, o não dirimir uma *macrolide* causa um impacto muito mais significativo que o provocado numa *microlide* não dirimida, em termos de intensidade de frustração causada pela não-pacificação social, o que faz com que se intensifique o grau de litigiosidade.

O Estado, na condição de ente organizado, que avocou a si a função de dirimir os conflitos em sociedade, não pode ficar indiferente a esse fenômeno social, cruzando os braços num comodismo inaceitável. Antes pelo contrário, deve levar em conta que o grau de litigiosidade num conflito de massa (*macrolide*) difere em muito do estabelecido em conflitos intersubjetivos (*microlide*).

Num conflito de massa (*macrolide*), o grau de litigiosidade é maior que o verificado num intersubjetivo (*microlide*), levando em conta os inúmeros interesses contrariados ou direitos lesados, em decorrência de serem várias as pessoas atingidas; e o não dirimir esse conflito, decorrente de uma decisão terminativa, sem resolução de mérito, intensifica essa litigiosidade, causada por uma frustração em ver decidido um processo, mas não a relação de direito material posta em juízo.

Isso implica reavaliar os provimentos jurisdicionais a serem prolatados nessas situações, que sistematicamente, sem maiores delongas, põem fim a um processo, sem resolução de mérito, em conflitos de massa, não levando em conta uma necessária investigação mais profunda sobre eles e as conseqüências daí decorrentes. E, em razão disso, cabe repensar essa postura judicial, adotada por inúmeros julgados, isto é, de, ao ser acolhida uma ilegitimidade ativa, não se perquirir devidamente sobre a natureza e a dimensão do conflito

---

[61] Assim denominada porque envolve interesses metaindividuais, diferenciando-se da microlide, na qual os integrantes da relação de direito material perseguem interesses intersubjetivos.

a ser dirimido, se de massa (*macrolide*) ou intersubjetivo (*microlide*), o que implica emitir juízo processual interpretativo idêntico quanto a ambos.

Com isso se está a dizer que a atividade jurisdicional a ser desenvolvida em conflitos de massa, ao se deparar com temática referente à alegação de ilegitimidade ativa, deve ser distinta da verificada em conflitos intersubjetivos, ou seja: naquela a interpretação deve ser mais flexível; nesta, mais rígida, a tradicional.

Do contrário, estar-se-á dando uma interpretação uniforme a fenômenos jurídicos distintos.

Não se está a dizer com isso que o Ministério Público deve ser considerado parte legítima em toda e qualquer situação que envolva interesses individuais homogêneos lesados, ou prestes a sê-lo. Mesmo porque não teria sentido o Ministério Público ajuizar ação civil pública para, v.g., proteger eventuais interesses ou direitos: a) de condôminos pertencentes a um condomínio vertical ou horizontal; b) de pescadores de uma determinada praia, lesados por uma empresa que deixou de pagá-los pela aquisição de peixes; c) de agricultores lesados por uma cooperativa que não lhes pagou o preço originariamente combinado quando da entrega de sacas de soja.

E isso porque, nessas situações, a lesão tem caráter eminentemente patrimonial, restrito a um grupo de pessoas; e, ainda que relativamente significativo, não se reveste de interesse social. Em primeiro lugar, porque a lesão estritamente patrimonial, a rigor, tem a ver com a esfera de interesse do titular atingido; em segundo lugar, porque se trata de um grupo de pessoas que, por terem sido lesadas todas, quase ou mesmo a um só tempo, isso conduz a uma natural aglutinação delas em termos de defesa, o que torna incogitável sustentar a legitimidade de um ente estatal para defendê-las; em terceiro lugar, porque a legitimidade do Ministério Público para ajuizar ações civis públicas deve ser reservada, na tutela de interesses individuais homogêneos, às situações em que eles assumem verdadeira dimensão social, o que deve ser avaliado tanto sob a ótica da natureza jurídica dos interesses ou direitos atingidos, bem como quanto ao número dos seus titulares, que não deve limitar-se a um grupo de pessoas vinculadas a um interesse restrito a elas, mas atingir um universo mais amplo.

Só assim estará o Ministério Público legitimado a defender em juízo interesses individuais homogêneos, ou seja, quando eles atingirem relevância significativa, em face da sua natureza jurídica ou em razão do número expressivo de titulares lesados, o que caracteriza situação de interesse social, que lhe cabe defender (art. 127, *caput*, *in fine*, da CF), independentemente de se tratar ou não de relação de consumo.

E isso porque tanto nos interesses difusos, coletivos *stricto sensu* quanto nos individuais homogêneos podem ser encontrados interesses sociais a tutelar. Ademais, ao contrário do que se possa pensar, os interesses individuais homogêneos não albergam somente interesses individuais de natureza estritamente patrimonial, e, por isso mesmo, sua tutela em juízo não diz respeito exclusivamente aos seus titulares. Há interesses individuais homogêneos que, embora disponíveis, assumem relevância social, na medida em que a sociedade tem interesse em tutelá-los, o que autoriza o Ministério Público a defendê-los, v.g., cláusulas abusivas em contrato de televisão por assinatura ou em contrato bancário, ou a cobrança ilegal de tributos verificada num Município. O Ministério Público, contudo, não terá legitimidade para defender em juízo interesses individuais homogêneos quando estes forem disponíveis e pertençam ao âmbito de individualidades restritas, o que lhes retira a característica de relevância social.

A propósito, cabe registrar que Rizzatto Nunes,[62] ao comentar o art. 82 do Código de Defesa do Consumidor, sustenta não haver dúvida quanto à legitimidade do Ministério Público para a defesa dos interesses individuais homogêneos, sem fazer qualquer restrição a essa defesa.

Celso Ribeiro Bastos,[63] reportando-se inicialmente à Constituição Federal, ao Código de Defesa do Consumidor e, depois, à Lei Orgânica Nacional do Ministério Público dos Estados, preleciona:

"Dessa forma, temos que ao Ministério Público incumbe a defesa dos interesses sociais e individuais indisponíveis (art. 127, *caput*), o que faz por meio de ação civil pública (art. 129, III). Ainda, ao órgão ministerial, cabe o exercício de outras funções, que lhe poderão ser conferidas desde que compatíveis com a sua finalidade acima enunciada (art. 129, IX). Por isso, será possível a defesa dos interesses individuais homogêneos, ainda que disponíveis, de acordo com o que dispõe o Código de Defesa do Consumidor, arts. 81 e 82, e a Lei n. 8.625/93, art. 25,

---

[62] NUNES, Luiz Antônio Rizzatto. *Comentários ao Código de Defesa do Consumidor*. 2. ed. São Paulo: Saraiva, 2005. p. 733-734.

[63] BASTOS, Celso Ribeiro. *Direito Público:* estudos e pareceres. São Paulo: Saraiva, 1998. p. 205.

IV, *a*, mas desde que esse interesse se apresente como social ou individual indisponível."

De outro lado, a lei infraconstitucional, com apoio em norma constitucional (art. 129, IX, da CF), ao conferir legitimidade ao Ministério Público para tutelar em juízo interesses individuais homogêneos, não restringiu essa defesa ao âmbito de uma relação de consumo, mas o fez de uma maneira ampla (arts. 25, IV, *b*, da Lei n° 8.625/93; e art. 6°, XII, da Lei Complementar n° 75/93).

1.2. Quanto ao uso abusivo

Desde o surgimento da *ação civil pública matriz* até os dias atuais, há uma preocupação em setores da doutrina brasileira[64] quanto ao seu uso abusivo, pois com isso poderia "[...] constituir séria ameaça à ordem jurídica, e ensejar um clima de litigiosidade, insegurança e contestação generalizada que é nocivo ao desenvolvimento do país".

Esse entendimento, contudo, com a devida vênia, não tem razão de ser.

Com efeito, o acesso amplo ao Poder Judiciário, mediante a utilização de novos instrumentos processuais, não pode constituir qualquer abalo ao país. Em primeiro lugar, porque, subliminarmente, essa crítica encerra entendimento ideológico de que, nas grandes questões, *macrolides,* o Poder Judiciário não deveria ser chamado para dirimi-las, o que é inaceitável, mormente levando em conta o acolhimento, pelo legislador constituinte, do princípio da inafastabilidade da jurisdição, como direito fundamental (art. 5°, XXXV, da CF), de forma ampla; em segundo lugar, porque, partindo da premissa de que esse não foi o fim almejado pela crítica, em sendo abusiva a ação civil pública, certamente ela será brecada pelo Poder Judiciário; e, se não o foi, é porque ela assim não era, especialmente levando em conta o intenso rol de recursos disponibilizados às partes pelo ordenamento positivo brasileiro.

Logo, com esse fundamento, a crítica à ação civil pública não prospera.

Isso não significa, contudo, que não possa haver ações civis públicas abusivas. Elas existem, sim; basta examinar qualquer repertório jurisprudencial para chegar à conclusão de que estão presentes em juízos e tribunais. Exemplo disso são as ações civis públicas ajuizadas com o propósito de que a atividade jurisdicional

---

[64] WALD, Arnold. *Op. cit.,* ao prefaciar a obra.

Ação Civil Pública

seja efetivada em campo afeto à área reservada ao Poder Executivo, intrometendo-se, assim, indevidamente no núcleo reservado à atividade administrativa, por isso mesmo considerado indevassável por sindicação judiciária.

Em tais situações, contudo, elas serão brecadas, mais cedo ou mais tarde, ou seja, em nível de 1º ou 2º grau de jurisdição.

Sendo assim, se a crítica fosse no sentido de que as ações civis públicas devessem ser ajuizadas com mais critérios, com menor açodamento em algumas ocasiões, ela teria razão de ser. Contudo, sendo a ação civil pública – e o mesmo vale para a ação coletiva – tida como abusiva, porque, v.g., utilizada para tutelar relações de direito material para as quais ela não se mostra adequada, quer porque outro deve ser o instrumento processual buscado, quer ainda porque isso implica intromissão indevida em campo intangível do mérito administrativo, não há a menor dúvida de que ela não irá adiante. E mesmo que vá um pouco, os mecanismos recursais utilizados perante os tribunais por certo buscarão, em provimentos judiciais, a eficácia necessária para extinguir os processos que as veicularem.

Por fim, cabe registrar que muitas críticas são até compreensíveis no que se refere ao denominado uso demasiado ou abusivo da ação civil pública.

Num primeiro olhar, porque a ação civil pública, notadamente a *matriz*, desde os primeiros embates travados nos foros e tribunais, vem veiculando matérias que, anteriormente, não chegavam ao Poder Judiciário, pois relativas a temáticas relevantes, de natureza econômico-financeira e política, que, tradicionalmente, eram enfrentadas no âmbito do Poder Legislativo ou Executivo. Essa nova realidade propiciou a reação de muitos setores importantes da vida nacional, que, a partir de então, sentindo-se prejudicados com o ajuizamento de ações civis públicas, passaram a hostilizá-la.

De outro lado, não perceberam esses setores que se vive atualmente uma época em que o *processo de judicialização* das mais diferentes lesões ou ameaças a direito – qualquer que seja – é um fato inquestionável (art. 5º, XXXV, da CF).

Com isso, as críticas podem ser acolhidas, com a devida parcimônia, e com as ressalvas acima deduzidas. Vale dizer, não na sua inteireza, tampouco com o fundamento de que o uso abusivo da ação civil pública pode comprometer o desenvolvimento do País.

2. Elogios

2.1. Instrumento de exercício da cidadania

O advento da ação civil pública matriz foi saudado como um marco do Direito Positivo brasileiro na salvaguarda de novos direitos até então não tutelados coletivamente com tanta abrangência.

Trata-se de um novo instrumento processual que fomenta o exercício da cidadania.

Muito embora uma pessoa física não tenha legitimidade para propor essa demanda, a lei criou mecanismos que permitem o exercício da cidadania por qualquer do povo. Exemplo disso é o art. 6º da Lei nº 7.347/85, que faculta a qualquer pessoa provocar a iniciativa do Ministério Público, ministrando-lhe elementos de convicção que possam ensejar a propositura de ação civil pública. Outro exemplo é o art. 5º da mesma Lei, ao estabelecer que as associações constituídas há pelo menos um ano, conforme a lei civil e que incluam entre suas finalidades institucionais a defesa dos bens e direitos por ela tutelados em seu art. 1º, possuem também legitimidade para a propositura dessa ação civil (art. 5º). Com isso, as pessoas se sentem estimuladas a representar ao Ministério Público, bem como a criar associações com a incumbência de defender em juízo os referidos bens e direitos.[65]

Ada Pellegrini Grinover,[66] em artigo publicado logo após o advento dessa nova Lei, bem ressaltou sua importância ao dizer que "A Lei n. 7.347, de 24.7.85, marca indiscutivelmente um expressivo passo do legislador brasileiro na vida das ações coletivas para a defesa de certos interesses difusos, precisamente daqueles que dizem a respeito ao ambiente *lato sensu* e aos consumidores". Posteriormente, ao fazer uma avaliação da tutela dos interesses difusos e coletivos no Brasil, Ada Pellegrini Grinover[67] conclui que "[...] por intermédio dos processos coletivos, a sociedade brasileira vem podendo afirmar, de maneira mais articulada e eficaz, seus direitos de cidadania".

---

[65] O art. 1º da Lei nº 7.347/85 prevê o cabimento de ações de responsabilidade por danos morais e patrimoniais causados: I – ao meio ambiente; II – ao consumidor; III – aos bens e direitos de valor artístico, estético, histórico, turístico e paisagístico; IV – a qualquer outro interesse difuso ou coletivo; V – por infração da ordem econômica e da economia popular; VI – à ordem urbanística.

[66] GRINOVER, Ada Pellegrini. Ações coletivas para a tutela do ambiente e dos consumidores (Lei nº 7.347, de 24.7.85). *Revista da Ajuris*, Porto Alegre, v. 36, p. 8, mar. 1985.

[67] GRINOVER, Ada Pellegrini. Significado social, político e jurídico da tutela dos interesses difusos. *Revista de Processo*, São Paulo, n. 97, p. 9-15, jan./mar. 2000.

Ação Civil Pública

Nessa mesma linha de elogios a essa nova Lei, logo após o seu advento, em artigo publicado em jornal, José Celso de Mello Filho[68] salientou que "Com essa lei, a proteção judicial dos interesses difusos deixa de ser, neste País, uma questão meramente acadêmica ou doutrinária para converter-se em realidade jurídico-positiva, de inegável alcance e conteúdo sociais".

Ao tratar dessa nova Lei, logo após o seu advento, Paulo Affonso Leme Machado[69] observou que "A ampliação da legitimidade para agir na defesa do patrimônio ambiental e cultural e do consumidor foi um dos saltos significativos da Lei 7.347/85".

Cabe, no entanto, lembrar que, mesmo antes do advento da *ação civil pública matriz*, em conferência proferida em 9 de abril de 1983, em reunião do Grupo de Estudos da Média Sorocaba, em São Paulo, ao tratar da ação civil pública como função institucional do Ministério Público, prevista no inciso III do art. 3º da Lei Complementar nº 40/81 (Lei Orgânica Nacional do Ministério Público dos Estados), Nelson Nery Júnior[70] já projetava que esse instrumento processual seria o grande campo de atuação do Ministério Público na área civil, em especial na tutela dos interesses difusos.

Não há dúvida, pois, de que a *ação civil pública matriz* inaugurou uma nova fase no Direito Positivo brasileiro. Em primeiro lugar, porque estabeleceu um marco histórico entre o fim de uma era, de tutela em juízo feita somente em relação aos interesses e direitos subjetivos, portanto sem alcance metaindividual; em segundo lugar, porque abriu a porta, de forma efetiva, para um novo tempo, de proteção de interesses difusos e coletivos.

Por fim, cabe lembrar que a ação civil pública, quer no que respeita às constitucionais, quer às infraconstitucionais, exceto a que veicula em juízo interesse eminentemente individual indisponível, constitui instrumento dos mais eficazes de tutela coletiva, e esta, no entendimento de Pedro da Silva Dinamarco,[71] "[...] é um dos mecanismos mais eficientes nessa necessária tentativa de melhora na prestação de justiça, pois propicia a proteção dos direitos de uma

---

[68] MELLO FILHO, José Celso. Ação civil pública. *Zero Hora*, Porto Alegre, 15 ago. 1985.

[69] MACHADO, Paulo Affonso Leme. *Ação civil pública (ambiente, consumidor, patrimônio cultural) e tombamento*. São Paulo: Revista dos Tribunais, 1986. p. 26.

[70] NERY JÚNIOR, Nelson. A ação civil pública. *Revista da Ajuris*, Porto Alegre, v. 31, p. 121, jul. 1984, já antevia a importância da ação civil pública na tutela dos interesses difusos, ao dizer: "A mim me parece que o grande futuro do MP no âmbito civil lhe está reservado pela ação civil pública, e, mais especificamente, pela tutela jurisdicional dos interesses difusos. Digo isto sem a mínima chance de errar, tendo em vista, inclusive, a tendência legislativa que se iniciou com a legitimidade conferida ao órgão pelo art. 14, § 1º, da Lei federal n. 6.938, de 31.8.81, para propor ação em defesa do meio ambiente, interesse coletivo por excelência".

[71] DINAMARCO, Pedro da Silva. *Ação civil pública*. São Paulo: Saraiva, 2001. p. 9.

grande gama de pessoas sem congestionar a máquina judiciária com um sem-número de processos individuais".

2.2. Primeiro instrumento efetivo de tutela de novos interesses: difusos e coletivos

Inegavelmente, a *ação civil pública matriz* constituiu o primeiro instrumento de tutela de novos interesses tutelados coletivamente, com a intenção deliberada do legislador nesse sentido, pois à época em que seu projeto tramitou no Congresso Nacional, e mesmo antes, quando da elaboração dos anteprojetos acima referidos, era intenso o debate a respeito da necessária e efetiva tutela dos interesses difusos e coletivos, ao contrário do que ocorreu quando do advento da lei da ação popular, que foi o primeiro instrumento a tutelar uma das modalidades de interesses difusos: o patrimônio cultural, mas sem que o legislador tivesse a intenção de protegê-lo, pois, naquele tempo, não havia enfrentamento doutrinário específico de tais interesses.

Com efeito, observa José Carlos Barbosa Moreira[72] que a ação popular, Lei n° 4.717, de 29 de junho de 1965, constituiu a primeira solução brasileira a adotar a legitimidade concorrente disjuntiva na tutela de bens e direitos de valor econômico, artístico, estético, histórico ou turístico, *podendo* assim servir de instrumento de proteção dos interesses difusos.

Com isso, ainda que não tenha sido a intenção do legislador da década de 65 tutelar os interesses difusos, o fato é que a ação popular, levando em conta a abrangência dos bens tutelados, constituiu, no Direito Positivo, um efetivo instrumento de tutela de interesses difusos, conforme se pode constatar pelos inúmeros casos em que ela foi utilizada, conforme relato feito por José Carlos Barbosa Moreira.[73]

---

[72] MOREIRA, José Carlos Barbosa. A proteção jurisdicional dos interesses coletivos ou difusos. *In*: GRINOVER, Ada Pellegrini (Coord.). *A tutela dos interesses difusos*. São Paulo: Max Limonad, 1984. p. 98-106, salienta que "A primeira solução (legitimação concorrente e 'disjuntiva' dos co-titulares) encontra no Brasil exemplo digno de realce na disciplina da ação popular, que diz com o nosso assunto na medida em que esse remédio processual pode servir de instrumento de tutela dos interesses difusos, graças à extensão dada pelo legislador, em boa hora, ao conceito de 'patrimônio de entidades públicas', traduzindo com notável larguiza, no art. 1°, § 1°, da Lei n. 4.717, de 29-6-1965, a cláusula constitucional, para esclarecer que se consideram 'patrimônio público', a fim de tornar cabível a ação popular, 'os bens e direitos de valor econômico, artístico, estético, histórico ou turístico'. À propositura, como é notório, legitima-se 'qualquer cidadão' (Constituição da República, art. 153, § 31), assim entendido o brasileiro que esteja no gozo de seus direitos políticos".

[73] MOREIRA, José Carlos Barbosa. Tipos de providências judiciais cabíveis. *In*: *Temas de Direito Processual*. São Paulo: Saraiva, 1984. Terceira Série. p. 212-215, menciona os seguintes casos em que a ação popular estaria a tutelar interesses difusos: "a ação popular contra o ato que aprovara o projeto de construção do aeroporto de Brasília, pelo fundamento de que ele não se

É também no sentido de reconhecer que foi a ação civil pública da Lei nº 7.347/85 o marco significativo e principal na tutela dos interesses difusos e coletivos, muito embora anteriormente a ação popular, em razão de modificações introduzidas em seu art. 1º, já viabilizasse a tutela desses interesses, a posição sustentada por Teori Albino Zavascki.[74]

Por esses dados históricos é que se consegue melhor compreender o porquê da ressalva feita pelo legislador da ação *civil pública matriz* no art. 1º, *caput*, da Lei nº 7.347/85: *sem prejuízo da ação popular*. É que com isso pretendeu ele deixar muito clara sua intenção de que esta nova lei não estaria a derrogar a ação popular quanto a sua utilização na tutela de interesses difusos. Reconheceu, assim, o papel importante que a ação popular vinha cumprindo nesse até então pouco conhecido campo do direito.

Dessa forma, o legislador evitou qualquer discussão que viesse a ser travada em juízo ou na doutrina no sentido de que a nova lei da *ação civil pública matriz* teria derrogado a lei da ação popular, notadamente no que se refere aos bens jurídicos que são comuns a ambas em termos de tutela jurisdicional, conforme anteriormente já registrado.

Impõe-se ainda registrar que a ação popular teve o seu objeto material ampliado pela Constituição Federal de 1988, passando, desde então, a também tutelar a moralidade administrativa e o meio ambiente (art. 5º, LXXIII).

---

harmonizava com a concepção estética que presidira à edificação da capital do país. Também por essa via impugnou-se a legitimidade de atos administrativos relacionados com o aterro parcial da Lagoa Rodrigo de Freitas, no Rio de Janeiro, para erguer-se prédio destinado ao comércio, alegando-se que a consumação do plano desfiguraria local de particular beleza paisagística; procurou-se impedir, em São Paulo, a demolição de edifício de suposto valor histórico e artístico, em cujo lugar se projetara erguer uma das estações do Metropolitano, e bem assim a construção do aeroporto internacional, em nome da preservação de matas naturais; combateu-se a instalação de quiosques, tapumes e toldos, ordenados a atividades comerciais, sobre o gramado da principal praça pública da estância hidromineral de Águas de Lindóia, área reservada ao repouso e à recreação dos habitantes e dos turistas; impugnou-se ato que permitiu a determinada associação carnavalesca a utilização de praça pública no Rio de Janeiro, para fins privados e incompatíveis com o uso normal do logradouro pela população". ·

[74] ZAVASCKI, Teori Albino. *Processo coletivo*: tutela de direitos coletivos e tutela coletiva de direitos. São Paulo: Revista dos Tribunais, 2006, p. 37; sustenta que "Foi o legislador brasileiro, na verdade, que protagonizou, de modo muito mais profundo e mais rico do que nos demais países do *civil law*, a 'revolução' mencionada por Cappelletti e Garth, em prol da criação de instrumentos de tutela coletiva. Já na década de 70, a Lei 6.513, de 20.12.77, introduziu significativa modificação no art. 1º, § 1º, da Lei da Ação Popular, a fim de considerar como patrimônio público 'os bens e direitos de valor econômico, artístico, estético, histórico e paisagístico'. Com isso, viabilizou-se a possibilidade de tutela dos referidos bens e direitos, de natureza difusa, pela via da ação popular. Todavia, foi a Lei 7.347, de 24.07.85, que assentou o marco principal do intenso e significativo movimento em busca de instrumentos processuais para a tutela dos chamados *direitos e interesses difusos e coletivos*."

Parte IV

Interesses e direitos tutelados mediante Ação Civil Pública

1. Interesses e direitos quanto a sua natureza individual ou coletiva

Considerando o conceito acima atribuído à ação civil pública, vê-se que ela se destina a tutelar interesses e direitos coletivos *lato sensu*, individuais indisponíveis, a ordem jurídica e o regime democrático.

Logo, o próprio conceito atribuído à ação civil pública serve para demarcar o seu objeto mediato, ou seja, o seu objeto material e, em conseqüência, o limite em que a atividade jurisdicional nela pode ser exercida.

Há interesses que, imediatamente, podem ser identificados como passíveis de tutela pela ação civil pública. São os interesses *nominados*, v.g., os relacionados com o meio ambiente, patrimônio cultural, probidade administrativa, criança e adolescente, idosos, assim denominados porque protegem determinada categoria de bens ou classe de pessoas previamente determinadas pela lei; daí falar-se em interesses ou direitos *nominados*.

De outro lado, há interesses que se chamam *inominados*, porque não têm nomes, ou seja, trata-se de um objeto de tutela amplo, aberto, não sendo possível, de imediato, saber quem são eles. Essa tarefa de identificação, em razão disso, fica a cargo da doutrina e da jurisprudência. O mesmo ocorre com relação aos chamados interesses ou direitos individuais indisponíveis, em razão da ausência de lei estabelecendo quais os que podem ser inseridos nesse rol de indisponibilidade.

Isso faz com que a delimitação desse objeto tenha um alcance impreciso, levando em conta a dificuldade de se identificar, em toda a sua extensão, o rol de interesses que podem ser inseridos no conceito de interesses difusos, coletivos *stricto sensu* ou individuais homogêneos, quando eles são *inominados*, ao contrário do que ocorre com os *nominados*.

Em razão disso, é preciso, considerada essa delimitação genérica e aberta quanto ao cabimento da ação civil pública e levando em conta a natureza jurídica desses interesses e a largueza semântica que encerram, especialmente os conceitos que envolvem interesses difusos, coletivos *stricto sensu* e individuais homogêneos, *inominados*, verificar se eles também estão presentes em outras esferas do direito positivo, de relevância para o ser humano. De outro lado, cabendo também ao Ministério Público a defesa de interesses individuais indisponíveis, torna-se relevante identificar quais os que podem estar compreendidos nesta categoria individual; ou seja, quais os interesses que são passíveis de inserção entre os interesses individuais indisponíveis.

Mas também tem relevância analisar até que ponto esses interesses *nominados* devem ser tidos como fundamentais para o ser humano, a ponto de poderem ser defendidos em juízo pelo Ministério Público.

Essa averiguação tem relevância não somente acadêmica, mas inegavelmente no plano processual, com reflexos na vida forense, na medida em que, ajuizada uma ação civil pública, não cabendo ao Ministério Público defender um interesse em juízo, isso implica extinção do processo sem resolução de mérito, em razão de sua ilegitimidade ativa (art. 267, VI, do CPC).

2. Direitos fundamentais

2.1. Considerações iniciais

É largo o alcance que tem hoje a ação civil pública, na medida em que se presta a tutelar interesses coletivos *lato sensu*, individuais indisponíveis, a ordem jurídica e o regime democrático. E isso faz com que se investigue até que ponto ela serve ou não para tutelar também os direitos fundamentais, notadamente levando em conta o seu extenso rol, conforme se vê do catálogo constitucional, além dos que nele não estão contemplados.

Ninguém pode ignorar o fato de que a ação civil pública, a despeito das restrições que lhe vêm sendo impostas, quanto ao seu cabimento, para tutelar alguns interesses, quer por alterações legislativas, quer pela jurisprudência, ou ainda por críticas doutrinárias, conforme acima se viu, é um remédio processual de alto alcance.

Em razão disso, este trabalho procura dar também aqui uma outra contribuição, qual seja, averiguar o seu cabimento para tutelar os denominados direitos fundamentais.

Para isso, torna-se forçoso analisar os direitos fundamentais, em pontos básicos, desde a sua gênese e evolução, passando por seu conceito, sua classificação em gerações ou dimensões, aspectos relacionados com a sua aplicabilidade e sem descurar o fato de que existem direitos fundamentais em sentido formal e material.

2.2. Gênese, evolução e conceito

Ao enfrentar a temática atinente aos direitos fundamentais, antes de mais nada, é preciso lembrar sua gênese e evolução, estabelecendo ainda sua conceituação.

Os direitos fundamentais surgiram da idéia-matriz de que era preciso proteger o ser humano contra investidas do Estado, em relação a ele, em pontos vitais para o exercício pleno de sua condição superior de ser racional, relacionadas com seus *direitos* vitais, como a liberdade e a igualdade.

Diz Rogério Gesta Leal[75] estar convencido que de que os direitos humanos são produto da história, originários de lutas travadas objetivando a preservação da liberdade e a implementação da igualdade do ser humano.

Contribuíram para o nascimento dessa idéia e como fundamentação para o reconhecimento desses direitos, conforme Vieira de Andrade,[76] doutrinas filosóficas, como intenções dos homens, antes de constituírem temática jurídica; as idéias do direito natural, desde a época dos estóicos, pois estes já falavam em dignidade e igualdade; e, além disso, o Cristianismo, especialmente na Idade Média, após São Tomás de Aquino, e sob forte influência escolástica, apregoava, em síntese, que todos os homens são filhos de Deus e, nesta condição, são iguais em dignidade, não havendo razão, assim, para qualquer distinção entre eles em razão de raça, cor ou cultura.

---

[75] LEAL, Rogério Gesta. *Perspectivas hermenêuticas dos direitos humanos e fundamentais no Brasil.* Porto Alegre: Livraria do Advogado, 2000. p. 45.

[76] ANDRADE, José Carlos Vieira de. *Os direitos fundamentais na Constituição portuguesa de 1976.* 3. ed. Coimbra: Almedina, 2004. p. 15-17.

Ao tratar da gênese dos direitos fundamentais, Alexandre de Moraes[77] salienta:

"Os direitos humanos fundamentais, em sua concepção atualmente conhecida, surgiram como produto da fusão de várias fontes, desde tradições arraigadas nas diversas civilizações, até a conjugação dos pensamentos filosóficos, das idéias surgidas com o cristianismo e com o direito natural.

Essas idéias encontravam um ponto fundamental em comum, a necessidade de *limitação e controle dos abusos de poder do próprio Estado e de suas autoridades constituídas e a consagração dos princípios básicos da igualdade e da legalidade como regentes do Estado moderno e contemporâneo.*

Assim, a noção de direitos fundamentais é mais antiga que o surgimento da idéia de constitucionalismo, que tão-somente consagrou a necessidade de insculpir um rol mínimo de direitos humanos em um documento escrito, derivado diretamente da soberana vontade popular."

Ao analisar a formulação dos direitos fundamentais em pactos, observa Pérez Luño[78] que a história do processo de positivação dos direitos fundamentais começa na Idade Média. É nessa época que são encontrados os primeiros documentos jurídicos nos quais, ainda que de forma fragmentária e com significação duvidosa, aparecem reconhecidos certos direitos fundamentais. Exemplo desses documentos fragmentados seria uma série de cartas que tinham como ponto comum o reconhecimento de alguns direitos, tais como o direito: a) à vida; b) à integridade física; c) de não ser preso sem previsão legal; d) à propriedade; e) à livre escolha do domicílio e a sua inviolabilidade.

Mas, como salienta Pérez Luño,[79] de todos os documentos medievais, inequivocamente, o que alcançou maior significação, sendo o mais importante no processo de positivação dos direitos humanos, foi a *Magna Charta Libertatum,* ou seja a Carta Magna, pacto estabelecido entre o Rei João (cognominado *Sem Terra*) e os bispos e barões da Inglaterra em 15 de junho de 1215, em que eram de certa forma reconhecidos os privilégios feudais, o que representava uma involução sob o ponto de vista político, mas que, por outro lado, assinalou

---

[77] MORAES, Alexandre de. *Direitos humanos fundamentais.* 4. ed. São Paulo: Atlas, 2002. p. 19, prefere a nomenclatura *direitos humanos fundamentais.*

[78] PÉREZ LUÑO, Antonio Enrique. *Derechos humanos, estado de derecho y Constitución.* 6. ed. Madrid: Tecnos, 1999. p. 111-112.

[79] *Ibidem,* p. 112.

um marco histórico significativo para o desenvolvimento das liberdades públicas inglesas.

Cabe ainda salientar que, mais tarde, conforme registra Pérez Luño,[80] com as declarações americanas, se abriu uma nova fase no processo de positivação dos direitos fundamentais.

Impõe-se aqui também registrar a contribuição dada pela França para o surgimento de uma vontade efetiva que levou ao reconhecimento dos direitos humanos, especialmente advinda das filosofias reinantes no século XVIII, com destaque para o Contrato Social de Rousseau, o que contribui para que mais tarde eles fossem positivados, pela primeira vez, com o advento da Declaração dos Direitos do Homem e do Cidadão, de 26 de agosto de 1789; antes disso, a Grã-Bretanha, mediante o Bill of Rights, de 1689, e a Declaração de Independência dos Estados Unidos, de 1776, já haviam reconhecido a importância dos direitos do ser humano, conforme revela Jean-Jacques Israel.[81]

Outro ponto que merece ser devidamente esclarecido diz respeito ao uso das terminologias *direitos humanos* e *direitos fundamentais*, até mesmo para verificar se são sinônimas ou se referem a direitos distintos.

A esse respeito, cabe inicialmente observar que Ingo Sarlet,[82] ao tratar da nomenclatura *direitos fundamentais*, na atual Constituição brasileira, lembra "[...] que o nosso Constituinte se inspirou principalmente na Lei Fundamental da Alemanha e na Constituição Portuguesa de 1976, rompendo, de tal sorte, com toda uma tradição em nosso direito constitucional positivo".

Ao enfrentar essa temática, Pérez Luño,[83] depois de salientar que grande parte da doutrina entende que os direitos fundamentais são aqueles direitos humanos positivados nas constituições dos Estados, mas que, de outro lado, há quem pense serem os direitos fundamentais aqueles princípios que resumem a concepção

---

[80] PÉREZ LUÑO, Antonio Enrique. *Op. cit.,* p. 114.

[81] ISRAEL, Jean-Jacques. *Direito das liberdades fundamentais.* Tradução de: Carlos Souza. Barueri, Manole, 2005. p. 6. Salienta este autor, também, que: "Durante muito tempo, a partir do século XIX, a tradição francesa preferiu a noção de liberdades públicas à de direitos do homem, embora estes últimos tenham, historicamente, uma existência bem mais antiga, notadamente pelo viés da Declaração dos Direitos do Homem e do Cidadão de 26 de agosto de 1789. É preciso, portanto, notar uma originalidade do sistema francês na preferência dada à expressão 'liberdade pública'. No entanto, a expressão 'direitos do homem', empregada no âmbito internacional, entrou para o uso comum na França. Ela é, inclusive, mais ampla que a expressão 'liberdades públicas'".

[82] SARLET, Ingo Wolfgang. *A eficácia dos direitos fundamentais.* Porto Alegre: Livraria do Advogado, 2003. p. 32.

[83] PÉREZ LUÑO, Antonio Enrique. *Op. cit.,* p. 31.

Ação Civil Pública

do mundo que informa a ideologia política de cada ordenamento jurídico, observa, ao final de sua análise, que há uma tendência de se reservar a denominação *direitos fundamentais* para designar os direitos humanos positivos em nível interno, enquanto a nomenclatura *direitos humanos* é mais usada no plano das declarações e convenções internacionais.

Ao tratar da distinção entre direitos fundamentais e direitos humanos, preleciona Ingo Sarlet:[84]

> "Em que pese sejam ambos os termos ('direitos humanos' e 'direitos fundamentais') comumente utilizados como sinônimos, a explicação corriqueira e, diga-se de passagem, procedente para a distinção é de que o termo 'direitos fundamentais' se aplica para aqueles direitos do ser humano reconhecidos e positivados na esfera do direito constitucional positivo de determinado Estado, ao passo que a expressão 'direitos humanos' guardaria relação com os documentos de direito internacional, por referir-se àquelas posições jurídicas que se reconhecem ao ser humano como tal, independentemente de sua vinculação com determinada ordem constitucional, e que, portanto, aspiram à validade universal, para todos os povos e tempos, de tal sorte que revelam um inequívoco caráter supranacional (internacional)."

Por sua vez, André Ramos Tavares,[85] ao tratar desta temática, observa que "A expressão 'direitos fundamentais' em muito se aproxima da noção de direitos naturais, no sentido de que a natureza humana seria portadora de certo número de direitos fundamentais. Contudo, sabe-se que não há uma lista imutável dos direitos fundamentais, que variam no tempo. Daí a inadequação do termo."

Ao discorrer sobre direitos do homem e direitos fundamentais, de forma sintética, preleciona Canotilho:[86]

> "As expressões *direitos do homem* e *direitos fundamentais* são freqüentemente utilizadas como sinónimas. Segundo a sua origem e significado poderíamos distingui-las da seguinte maneira: *direitos do homem* são direitos válidos para todos os povos e em todos os tempos (dimensão jusnaturalista-universalista); *direitos fundamentais* são os direitos do homem, jurídico-institu-

---

[84] SARLET, Ingo Wolfgang. *Op. cit.*, p. 33-34.

[85] TAVARES, André Ramos. *Curso de Direito Constitucional*. 2. ed. rev. e ampl. São Paulo: Saraiva, 2003. p. 366.

[86] CANOTILHO, José Joaquim Gomes. *Direito constitucional e teoria da Constituição*. 7. ed. Coimbra: Almedina, 2003. p. 393.

cionalmente garantidos e limitados espacio-temporalmente. Os direitos do homem arrancariam da própria natureza humana e daí o seu carácter inviolável, intemporal e universal; os direitos fundamentais seriam os direitos objectivamente vigentes numa ordem jurídica concreta."

Em razão dessa análise doutrinária, é possível afirmar que se entende por *direitos fundamentais* os direitos inerentes ao ser humano que, pela sua importância, foram acolhidos por normas constitucionais de um Estado; enquanto, *por direitos humanos*, se devem entender aqueles interesses relevantes para esse mesmo ser, reconhecidos internacionalmente, mas que ainda não foram positivados em nível constitucional.

2.3. Nomenclatura: gerações ou dimensões

O primeiro a ponto a ser abordado diz respeito à nomenclatura utilizada pela doutrina, ao classificar os direitos fundamentais: *geração* ou *dimensão*? Ou seja, o correto seria, v.g., dizer direitos fundamentais de 1ª *geração* ou direitos fundamentais de 1ª *dimensão*?

O questionamento tem razão de ser.

Com efeito, desde os primórdios do seu reconhecimento até os dias atuais, os direitos fundamentais sofreram uma evolução significativa. Atualmente, inclusive, há quem defenda a existência de direitos fundamentais até de 4ª dimensão, como Paulo Bonavides.[87]

Contudo, quando se busca realizar uma investigação sobre toda e qualquer esfera de conhecimento, seja na área jurídica ou não, deve-se ter em mente a utilização correta de terminologias que melhor retratem o fenômeno a ser estudado, sob pena de esse estudo não primar por uma precisão técnico-científica.

No caso, em razão disso, é preciso verificar qual a nomenclatura que melhor se ajusta para classificar as várias categorias de direitos fundamentais.

E, em sendo assim, o termo *dimensão*, tudo indica, reflete com maior precisão esse desiderato, pois dá uma idéia mais real de todo o processo evolutivo experimentado pelo estudo dos direitos fundamentais, ao passo que o vocábulo *geração* enseja dele extrair-se uma concepção semântica divorciada do estudo desses direitos na sua inteireza, pois induz o intérprete a pensar que, ao utilizá-lo, se esteja a falar em alternância, e não em categorias de direitos.

---

[87] BONAVIDES, Paulo. *Curso de Direito Constitucional*. 6. ed. São Paulo: Malheiros, 1996. p. 524.

Nesse sentido, a propósito, é o magistério de Ingo Sarlet,[88] ao dizer:

"Com efeito, não há como negar que o reconhecimento progressivo de novos direitos fundamentais tem o caráter de um processo cumulativo, de complementariedade, e não de alternância, de tal sorte que o uso da expressão 'gerações' pode ensejar a falsa impressão da substituição gradativa de uma geração por outra, razão pela qual há quem prefira o termo 'dimensões' dos direitos fundamentais, posição esta que aqui optamos por perfilhar, na esteira da mais moderna doutrina."

Assim, adotar-se o vocábulo *dimensão* em vez de *geração* significa buscar utilizar uma terminologia mais apropriada, na medida em que se busca analisar, desde sua gênese positivada até o momento atual, a evolução gradativa dos direitos fundamentais, distribuídos em 1ª, 2ª, 3ª e até em 4ª *dimensões*, e não em *gerações*.

Por isso, acolhe-se a nomenclatura *dimensão*, por ser a que melhor traduz o alcance semântico da investigação objeto deste estudo.

2.4. Direitos fundamentais em sentido formal e material

A Constituição Brasileira de 1988 contém um rol extremamente extenso de direitos fundamentais, constantes do seu catálogo, aí contemplados todos os inseridos no seu Título II, vale dizer: a) os direitos individuais e coletivos (Capítulo I); b) os direitos sociais (Capítulo II); c) os direitos da nacionalidade (Capítulo III); e d) os direitos políticos (Capítulo IV); e ainda os direitos relativos aos partidos políticos (Capítulo V).

Não obstante tal catálogo seja extenso, ele não pode, contudo, ser considerado taxativo, considerando o preceito extremamente elástico e aberto constante do art. 5º, § 2º, da Carta Magna. Exemplo disso é o direito ao meio ambiente, que, embora situado fora do catálogo constitucional (Título II), é considerado um direito fundamental, conforme observa Luiz Guilherme Marinoni,[89] previsto no art. 225 da CF; levando em conta a classificação dada às várias categorias de direitos fundamentais, está inserido nos de 3ª dimensão.

---

[88] SARLET, Ingo Wolfgang. *Op. cit.*, p. 50.

[89] MARINONI, Luiz Guilherme. *Técnica processual e tutela dos direitos*. São Paulo: Revista dos Tribunais, 2004. p. 167. A este respeito assim diz: "Como se vê, a Constituição, em seu art. 5º, § 2º, institui um sistema constitucional aberto à fundamentalidade material. Portanto, se a Constituição enumera direitos fundamentais no seu Título II, isso não impede que direitos fundamentais – como o direito ao meio ambiente – estejam inseridos em outros dos seus Títulos, ou mesmo fora dela".

Afora esse exemplo de direito fundamental não constante do catálogo (meio ambiente), impõe-se aqui também registrar o entendimento esposado por Jorge Miranda,[90] quando analisa a Constituição Brasileira de 1988, de que "Inserem-se também no terreno dos direitos fundamentais a garantia institucional da advocacia (art. 133); a criação de Defensoria Pública ao serviço dos necessitados (art. 134); e as limitações ao poder de tributar, designadamente a não-retroactividade das leis criadoras de tributos (art. 150)".

Com isso, cabe lembrar que a doutrina, conforme destaca Ingo Sarlet,[91] costuma considerar direitos fundamentais em sentido formal e direitos fundamentais em sentido material.

Direitos fundamentais formais seriam aqueles que, pela relevância individual, coletiva ou social, foram positivados em nível constitucional, e que, em se tratando da Constituição Brasileira, estão inseridos não somente no catálogo constitucional (Título II), mas espalhados por todo o seu texto. Direitos fundamentais apenas em sentido material, por sua vez, seriam aqueles que, embora situados nesse patamar de fundamentalidade, ainda não foram inseridos em nível constitucional com o reconhecimento dessa dignidade superior.

A Constituição Brasileira considera direitos fundamentais, pela sua regra aberta (art. 5°, § 2°), não somente os fundamentais em sentido formal, mas igualmente os em sentido material.

A esse respeito, preleciona Ingo Sarlet[92] que à luz do art. 5°, § 2°, da CF, há duas espécies de direitos fundamentais; os direitos formal e material fundamentais, constantes da Constituição formal, e os direitos materialmente fundamentais, inseridos em outros diplomas, não estando assim previstos na Carta Magna.

De qualquer sorte, é importante salientar, em face do acima exposto, notadamente por a norma de alcance material dos direitos fundamentais, prevista no art. 5°, § 2°, da CF, ser altamente aberta, que são passíveis de tutela, por meio dos remédios processuais próprios para a proteção dos direitos fundamentais, tanto os considerados em sentido formal quanto os situados no plano estritamente material.

Assim, tais remédios processuais podem-se prestar a tutelar não somente os direitos fundamentais constantes do catálogo cons-

---

[90] MIRANDA, Jorge. *Teoria do Estado e da Constituição*. Rio de Janeiro: Forense, 2005. p. 151.

[91] SARLET, Ingo Wolfgang. *Op. cit.*, p. 88.

[92] *Ibidem*, p. 88-89.

titucional e os demais espelhados por toda a topografia da constituição, como ainda os situados fora da Carta Política brasileira.

2.5. Da aplicabilidade imediata das normas definidoras de direitos e garantais fundamentais

A Constituição Brasileira de 1988 estabeleceu preceito que retrata a preocupação do legislador constituinte de tornar realmente efetivos os direitos e garantais fundamentais, evitando que ela pudesse representar mera intenção, sem qualquer eficácia, e assim caísse no vazio.

Com esse propósito, estabeleceu que "As normas definidoras dos direitos e garantias fundamentais têm aplicação imediata" (art. 5°, § 1°).

Não obstante tal normatização incisiva, cabe aqui analisar dois aspectos básicos referentes à aplicação desse dispositivo, sem o propósito, no entanto, de exaurimento desta matéria, notadamente levando em conta que este não é o objetivo deste trabalho, em face da natureza e do alcance de sua abordagem.

O primeiro reside no fato de saber se essa norma se estende a todos os direitos fundamentais, indistintamente, ou seja, situados no catálogo ou fora dele, espelhados por todo o texto constitucional e mesmo em outros diplomas, ou se ela tem um alcance restrito aos direitos fundamentais catalogados.

A análise do texto constitucional referente a esta temática conduz à interpretação de que essa norma alcança todos os direitos fundamentais, no sentido formal e material, não havendo espaço para qualquer interpretação restritiva, na medida em que isto implicaria admitir a existência de direitos fundamentais de maior e menor relevância, distinção inaceitável.

Com efeito, todos os direitos fundamentais, independentemente de sua fundamentalidade, formal ou material, devem receber a incidência dessa norma (§ 1° do art. 5°), sob pena de ser subvertida a vontade do legislador constituinte, que por certo não teve essa intenção bipartida, mormente levando em conta a regra aberta constante do § 2° do art. 5° da CF, ao admitir a existência de outros direitos fundamentais fora do catálogo.

De outro lado, cabe indagar se essa norma em análise tem incidência imediata sobre todos os direitos fundamentais, independentemente de sua categoria dimensional ou se alguns deles, em razão de possuírem baixa densidade normativa, estão a depender de complementação para que sejam passíveis de fruição.

A questão é tormentosa na doutrina. Há posições doutrinárias totalmente antagônicas; de um lado, os que sustentam ser esta norma destituída de imediata aplicabilidade, por não poder contrariar a *natureza das coisas*, na medida em que não teria o poder de transformar normas incompletas e destituídas de concretude para, num passe de mágica, imprimir-lhes eficácia plena e imediata, com a fruição de direitos fundamentais assim reconhecidos; de outro, há os que sustentam, por força do disposto no § 1° do art. 5° da CF, que todos os direitos fundamentais devem merecer fruição imediata, não sendo necessário qualquer ato complementar para que isso possa ocorrer, conforme observa Ingo Sarlet.[93]

Com essa visão doutrinária antagônica, depois de lembrar a posição de Celso Bastos, que se situa numa posição intermediária, para quem os direitos fundamentais são, em princípio, no que for possível, diretamente aplicáveis, exceção feita quando a própria norma constitucional diz que o direito será exercido na forma da lei, ou quando a norma de direito fundamental não possui a normatividade necessária para fazer valer de pronto o direito fundamental, sustenta Ingo Sarlet[94] outra posição. Diz que a medida do alcance da aplicabilidade imediata e da intensidade da sua eficácia dependerá do exame do caso concreto; sustenta, ainda, pela análise do § 1° do art. 5° da CF, que milita a favor desta norma uma presunção de aplicabilidade imediata, no que se refere aos direitos e garantias fundamentais, e que eventual recusa em seguir essa linha de pensamento deverá ser devidamente fundamentada, com a necessária justificativa.

2.6. Da classificação em dimensões

2.6.1. Direitos fundamentais de 1ª dimensão

Os direitos fundamentais de 1ª dimensão são os direitos civis e políticos, que dizem respeito às liberdades, aos direitos da igualdade, devendo, além disso, ser considerados aqui outros direitos de caráter negativo, v.g., os direitos à vida e à propriedade.

Esclarece André Ramos Tavares[95] que "São direitos de primeira dimensão aqueles surgidos com o Estado Liberal do século XVIII.

---

[93] SARLET, Ingo Wolfgang. *Op. cit.*, p. 256-257.

[94] *Ibidem*, p. 258-259.

[95] TAVARES, André Ramos Tavares. *Op. cit.*, p. 369.

Ação Civil Pública

Foi a primeira categoria de direitos humanos surgida, e que engloba, atualmente, os chamados direitos individuais e direitos políticos".

De outro lado, observa Paulo Bonavides[96] que

"Os direitos da primeira geração ou direitos da liberdade têm por titular o indivíduo, são oponíveis ao Estado, traduzem-se como faculdades ou atributos da pessoa e ostentam uma subjetividade que é seu traço mais característico; enfim, são direitos de resistência ou de oposição perante o Estado. Entram na categoria do *status negativus* da classificação de Jellinek e fazem também ressaltar na ordem dos valores políticos a nítida separação entre a Sociedade e o Estado. Sem o reconhecimento dessa separação, não se pode aquilatar o verdadeiro caráter antiestatal dos direitos da liberdade, conforme tem sido professado com tanto desvelo teórico pelas correntes do pensamento liberal de teor clássico. São por igual direitos que valorizam primeiro o homem-singular, o homem das liberdades abstratas, o homem da sociedade mecanicista que compõe a chamada sociedade civil, da linguagem jurídica mais usual."

Assim, os direitos de primeira dimensão são exercidos pela pessoa em relação ao Estado. São opostos perante o Estado como necessidade de preservação do ser humano em seus valores fundamentais, como os referentes a sua vida, propriedade, igualdade e liberdade, nas suas várias formas, v.g., liberdade de imprensa, de manifestação, de reunião e de associação.

Em síntese, os direitos de primeira dimensão têm como característica básica o fato de exigirem do Estado uma abstenção de conduta, em pontos essenciais para o desenvolvimento pleno e digno do ser humano, no que se refere aos direitos de igualdade e das liberdades. Sem isso, o ser humano perde essa condição, torna-se refém do Estado; este passa a ser o centro mais importante das atenções, numa total inversão de valores, pois aquele é que deve situar-se no patamar mais elevado da escala axiológica.

E Ingo Sarlet,[97] por sua vez, assevera que

"Os direitos fundamentais, ao menos no âmbito de seu reconhecimento nas primeiras Constituições escritas, são o produto peculiar (ressalvado certo conteúdo social característico do constitucionalismo francês), do pensamento liberal-burguês do século XVIII, de marcado cunho individualista, surgindo e afirmando-se como direitos de defesa, demarcando uma zona

---

[96] BONAVIDES, Paulo. *Op. cit.*, p. 517-518.
[97] SARLET, Ingo Wolfgang. *Op. cit.*, p. 51-52.

de não-intervenção do Estado e uma esfera de autonomia individual em face de seu poder. São, por este motivo, apresentados como direitos de cunho 'negativo', uma vez que dirigidos a uma abstenção, e não a uma conduta positiva por parte dos poderes públicos, sendo, neste sentido, 'direitos de resistência ou de oposição perante o Estado. Assumem particular relevo no rol desses direitos, especialmente pela sua notória inspiração jusnaturalista, os direitos à vida, à liberdade, à propriedade e à igualdade perante a lei. São, posteriormente, complementados por um leque de liberdades, incluindo as assim denominadas liberdades de expressão coletiva (liberdades de expressão, imprensa, manifestação, reunião, associação, etc.) e pelos direitos de participação política, tais como o direito de voto e a capacidade eleitoral passiva, revelando, de tal sorte, a íntima correlação entre os direitos fundamentais e a democracia. Também o direito de igualdade, entendido como igualdade formal (perante a lei) e algumas garantias processuais (devido processo legal, *habeas corpus,* direito de petição) se enquadram nesta categoria."

Mas o que significam os direitos a liberdades? Há, na verdade, um direito à liberdade?

Dworkin,[98] ao indagar se haveria um direito à liberdade, informa que

"Thomas Jefferson pensava que sim, e desde sua época o direito à liberdade tem recebido mais atenção do que os direitos concorrentes, à vida e à busca da felicidade, por mencionados. A liberdade deu seu nome ao movimento político mais influente do século XIX, e muitos daqueles que hoje desprezam os liberais assim procedem por considerá-los insuficientemente libertários. Sem dúvida, quase todos reconhecem que o direito à liberdade não é o único direito político e que, portanto, as exigências da liberdade devem ser limitadas, por exemplo, por restrições que protejam a segurança ou a propriedade dos outros."

Ao tratar do direito de liberdade na Constituição da República Federal da Alemanha, observa Robert Alexy[99] que ela confere não somente direitos a determinadas liberdades, v.g. a liberdade de expressão e de escolha da profissão, como também direitos frente a

---

[98] DWORKIN, Ronald. *Levando os direitos a sério.* Tradução de: Nelson Boeira. São Paulo: Martins Fontes, 2002. p. 409-410.

[99] ALEXY, Robert. *Teoría de los derechos fundamentales.* Madrid: Centro de Estudios Políticos y Constitucionales, 2001. p. 331.

determinadas discriminações, tais como em razão de sexo ou raça, assim como um direito geral de liberdade e um direito geral de igualdade.

No que se refere aos direitos políticos, a Constituição Brasileira de 1988 dedicou-lhes um capítulo próprio, tratando deles nos arts. 14 a 16. Contudo, essa mesma Carta Magna não reservou um capítulo específico para tratar dos direitos civis, com esta nomenclatura.

Preleciona José Afonso da Silva[100] que "A Constituição emprega a expressão *direitos políticos* em seu sentido estrito, como conjunto de regras que regula os problemas eleitorais, quase sinônima de direito eleitoral. Em acepção um pouco mais ampla, contudo, deveria incluir também as normas sobre partidos políticos".

Observa Manoel Gonçalves Ferreira Filho[101] que a cidadania é

"[...] um *status* ligado ao regime político. Assim, é correto incluir os direitos típicos do cidadão entre aqueles associados ao regime político, em particular entre os ligados à democracia.

Nas democracias como a brasileira, a participação no governo se dá por dois modos diversos: por poder contribuir para a escolha dos governantes ou por poder ser escolhido governante. Distinguem-se, por isso, duas faces na cidadania: a ativa e a passiva. A cidadania ativa consiste em poder escolher; a passiva em, além de escolher, poder ser escolhido. Essa distinção importa porque, se para ser cidadão passivo é mister ser cidadão ativo, não basta ser cidadão ativo para sê-lo também passivo."

Ao tratar dos direitos civis e liberdades ou direitos políticos, afirma Canotilho[102] que "Os *direitos civis* são reconhecidos pelo direito positivo a todos os homens que vivem em sociedade; os segundos – os *direitos políticos* – só são atribuídos aos cidadãos activos".

Outro ponto que merece análise diz respeito aos direitos da igualdade.

A Constituição Brasileira vigente, já no pórtico do Capítulo I, que trata Dos Direitos e Deveres Individuais e Coletivos, constante do Título II, que, por sua vez tem a ver com os Direitos e Garantias Fundamentais, manifesta sua intenção primeira e superior, quanto aos direitos da igualdade, ao preceituar que "*Todos são iguais perante a lei*, sem distinção de qualquer natureza, [...]" (art. 5º, *caput*).

---

[100] SILVA, José Afonso da. *Curso de Direito Constitucional Positivo*. 14. ed. São Paulo: Malheiros, 1997. p. 330.

[101] FERREIRA FILHO, Manoel Gonçalves. *Curso de Direito Constitucional*. 17. ed. rev. e atual. São Paulo: Saraiva, 1989. p. 99.

[102] CANOTILHO, José Joaquim Gomes. *Op. cit.*, p. 394.

A esse respeito, Alexandre de Moraes[103] assim preleciona:

"O princípio da igualdade consagrado pela Constituição opera em dois planos distintos. De uma parte, frente ao legislador ou ao próprio executivo, na edição, respectivamente, de leis, atos normativos e medidas provisórias, impedindo que possa criar tratamentos abusivamente diferenciados a pessoas que encontram-se em situações idênticas. Em outro plano, na obrigatoriedade ao intérprete, basicamente, a autoridade pública, de aplicar a lei e atos normativos de maneira igualitária, sem estabelecimento de diferenciações em razão do sexo, religião, convicções filosóficas ou políticas, raça, classe social."

Assim, na verdade, pode-se dizer que atenta contra o princípio da igualdade a ocorrência de decisões conflitantes regidas pelas mesmas normas aplicáveis a uma relação de direito material litigiosa, em que um dos seus integrantes consegue lograr uma solução favorável e outro não, inobstante estejam a desfrutar de idêntica situação fático-jurídica.

Daí a importância não somente dos recursos extraordinário e especial, para uniformizar a interpretação dessas decisões conflitantes com as normas constitucional e infraconstitucional, mas também o instituto da uniformização da jurisprudência, como formas de tornar efetivo o princípio da igualdade. A mesma importância pode ser dada ao recurso de revista, previsto no art. 896 da CLT.

A propósito, cabe lembrar que o princípio constitucional da igualdade deitou raízes no Código de Processo Civil brasileiro de 1973, que o prevê expressamente no seu art. 125, I, ao dispor que o juiz dirigirá o processo conforme as disposições deste Código, competindo-lhe: assegurar às partes *igualdade* de tratamento.

Mas o princípio da igualdade também pode ser visualizado em outros dispositivos desse Código, ainda que de forma não tão cristalina, mas perfeitamente identificável. Identificam-se exemplos disso quando dispõe sobre tratamento igualitário a ser dado aos litigantes, quanto aos ônus sucumbenciais, em caso de sucumbência recíproca: "Se cada litigante for em parte vencedor e vencido, serão recíproca e proporcionalmente distribuídos e compensados entre eles os honorários e as despesas" (art. 21, *caput*); ou quando cuida do tratamento isonômico a ser dado aos litisconsortes vencidos: "Concorrendo diversos autores ou diversos réus, os vencidos respondem pelas despesas e honorários em proporção" (art. 23).

---

[103] MORAES, Alexandre de. *Op. cit.*, p. 92-93.

Ação Civil Pública

A propósito, adverte André Ramos Tavares[104]que "A igualdade aplica-se, sobretudo, em face da atuação do Executivo, mas não apenas deste. Impõe-se, igualmente, como comando dirigido ao Legislativo e, também, ao próprio Poder Judiciário, no desenrolar do processo judicial (por ocasião do tratamento a ser dispensado a cada uma das partes)".

Salienta Jairo Gilberto Schäfer[105] que

"Encontra-se no princípio da igualdade, uma das idéias principais do constitucionalismo moderno, a fonte primária legitimadora das restrições aos direitos fundamentais, uma vez que a convivência harmônica de diversas posições individuais e coletivas, inarredável em uma sociedade democrática, pressupõe o gozo racional impeditivo do aniquilamento dos direitos a cada um assegurados. O princípio da igualdade reclama a idéia de responsabilidade social e integrativa de direitos. Todos os direitos constitucionais devem ser exercidos tendo-se por parâmetro delimitador o princípio da igualdade."

Assim, o princípio da igualdade encerra uma acepção ampla, que se aplica no âmbito do Estado, nos seus três Poderes e instituições, como aos particulares entre si e entre eles frente ao Estado, e este frente a eles.

2.6.2. Direitos fundamentais de 2ª dimensão

Os direitos fundamentais de 2ª dimensão dizem respeito aos direitos sociais, culturais e econômicos.

Conforme observa Pérez Luño,[106] ao longo do século XIX, o proletariado foi adquirindo importância à medida que avançava o processo de industrialização, e, ao adquirir consciência de classe, passou a reivindicar alguns direitos econômicos e sociais frente aos clássicos direitos individuais, fruto do triunfo da revolução liberal burguesa. O marco fundamental desse processo e começo de uma nova etapa histórica de reivindicação desses novos direitos pode ser considerado o Manifesto Comunista de 1848.

Ainda na ótica de Pérez Luño,[107] reportando-se ao conceito dado por Gurvitch sobre os direitos sociais, diz ele que se podem

---

[104] TAVARES, André Ramos. *Op. cit.*, p. 413.

[105] SCHÄFER, Jairo Gilberto. *Direitos fundamentais.* Porto Alegre: Livraria do Advogado, 2001. p. 67-68.

[106] PÉREZ LUÑO, Antonio Enrique. *Op. cit.*, p. 120.

[107] *Ibidem*, p. 84. O autor salienta que Gurvitch definiu os direitos sociais de uma forma que pode ser considerada como clássica, ao dizer: "droits de participation des groupes et des in-

visualizar tais direitos em dois sentidos: objetivo e subjetivo. No sentido objetivo, seria o conjunto de normas mediante as quais o Estado leva a cabo a sua função equilibradora e moderadora das desigualdades sociais; no sentido subjetivo, poder-se-iam entendê-los como as faculdades dos indivíduos e de grupos de participarem dos benefícios da vida social, o que se traduz em determinados direitos e prestações, diretas ou indiretas, por parte dos Poderes públicos.

A respeito dessa matéria, observa Ingo Sarlet[108] que

"A nota distintiva destes direitos é a sua dimensão positiva, uma vez que se cuida não mais de evitar a intervenção do Estado na esfera da liberdade individual, mas, sim, na lapidar formulação de C.Lafer, de propiciar um 'direito de participar do bem-estar'. Não se cuida mais, portanto, de liberdade do e perante o Estado, e sim de liberdade por intermédio do Estado. Estes direitos fundamentais, que embrionária e isoladamente já haviam sido contemplados nas Constituições Francesas de 1793 e 1848, na Constituição Brasileira de 1824 e na Constituição Alemã de 1849 (que não chegou a entrar efetivamente em vigor), caracterizam-se, ainda hoje, por outorgarem ao indivíduo direitos a prestações sociais estatais, como assistência social, saúde, educação, trabalho, etc., revelando uma transição das liberdades formais abstratas para as liberdades materiais concretas, utilizando-se a formulação preferida na doutrina francesa. É, contudo, no século XX, de modo especial nas Constituições do segundo pós-guerra, que estes novos direitos fundamentais acabaram sendo consagrados em um número significativo de Constituições, além de serem objeto de diversos pactos internacionais."

Ao tratar da origem e da evolução dos direitos de 2ª dimensão, esclarece Paulo Bonavides[109] que eles comandaram o século XX, enquanto que os direitos de primeira dimensão, o século anterior, ou seja, o século XIX; diz, ainda, que são direitos de 2ª dimensão os direitos sociais, culturais e econômicos. Nesta dimensão, aí tam-

---

dividus découlant de leur intégration des des ensembles et garantissant le caractère démocratique de ces derniers".

[108] SARLET, Ingo Wolfgang. *Op. cit.*, p. 52-53.

[109] BONAVIDES, Paulo. *Op. cit.*, p. 518, ao tratar dos direitos de 2ª dimensão, em seguimento ao seu raciocínio, assim se manifesta: "Nasceram abraçados ao princípio da igualdade, do qual não se podem separar, pois fazê-lo equivaleria a desmembrá-los da razão de ser que os ampara e estimula. Da mesma maneira que os da primeira geração, esses direitos foram inicialmente objeto de uma formulação especulativa em esferas filosóficas e políticas de acentuado cunho ideológico; uma vez proclamados nas Declarações solenes das Constituições marxistas e também de maneira clássica no constitucionalismo da social-democracia (a de Weimar, sobretudo), dominaram por inteiro as Constituições do segundo pós-guerra".

bém estariam compreendidos os denominados direitos coletivos ou da coletividade. Esses direitos teriam sido incorporados ao direito positivo constitucional de países que adotaram as mais diferentes formas de Estado social, fruto de uma posição ideológica antiliberal que vicejou no século XX.

A efetividade dos direitos sociais pressupõe a prática de atos positivos pelo Estado. E, para que isso ocorra, conforme preleciona Paulo Gilberto Cogo Leivas,[110] requerem-se recursos financeiros, os quais são limitados, exigindo previsão orçamentária.

Assim, um dos pontos que merece destaque é a dificuldade de tornar efetivos estes direitos. Isso porque, cabendo ao Estado o dever de prestações materiais, isso nem sempre é possível, por questões de ordem econômico-financeira ou legal; ou seja, dependendo da extensão da demanda reivindicatória, os recursos disponíveis nem sempre são suficientes, e eventuais suplementações dependem de autorização legislativa, a qual esbarra, muitas vezes, em óbices de natureza política ou orçamentária. Daí a razão de, em sua fase inicial, tais direitos terem sido previstos em normas programáticas, o que, na prática, implicava tornar inviável sua efetiva exigência perante o Estado, notadamente porque, além disso, não estavam cercados de garantias fundamentais repressivas, vale dizer, de instrumentos processuais adequados para torná-los exigíveis, como acontecia em relação aos direitos fundamentais de 1ª dimensão, v.g. o *habeas corpus* e o mandado de segurança.

Contudo, conforme observa Paulo Bonavides,[111] tal crise de inobservância e de inexeqüibilidade destes direitos parece estar próxima do fim, considerando que as constituições mais recentes, como a do Brasil, estabeleceram comando normativo de aplicabilidade imediata dos direitos fundamentais (art. 5º, § 1º).

Ao tratar desses direitos, assevera André Ramos Tavares[112] que

"O Estado passa do isolamento e não-intervenção a uma situação diametralmente oposta. O que essa categoria de novos direitos tem em mira é, analisando-se mais detidamente, a realização do próprio princípio da igualdade. De nada vale assegurarem-se as clássicas liberdades se o indivíduo não dispõe das condições materiais necessárias a seu aproveitamento. Nesse sentido, e só nesse sentido, é que se afirma que tal categoria

---

[110] LEIVAS, Paulo Gilberto Cogo. *Teoria dos direitos fundamentais sociais*. Porto Alegre: Livraria do Advogado, 2006. p. 99.

[111] BONAVIDES, Paulo. *Op. cit.*, p. 518.

[112] TAVARES, André Ramos. *Op. cit.*, p. 370.

de direitos se presta como meio para propiciar o desfrute e o exercício pleno de todos os direitos e liberdades. Respeitados os direitos sociais, a democracia acaba fixando os mais sólidos pilares."

A Constituição Brasileira de 1988 estabelece um alcance amplo aos direitos sociais, ao dizer que neles estão compreendidos os referentes à educação, à saúde, ao trabalho, à moradia, ao lazer, à segurança, à previdência social, à proteção à maternidade e à infância e à assistência aos desamparados (art. 6º).

Como se vê, pela Constituição, os direitos à educação, à saúde, ao trabalho, à moradia, ao lazer, à segurança, à previdência social, à proteção à maternidade, à infância e aos desamparados são considerados espécies dos direitos sociais.

Sustenta André Ramos Tavares[113] que

"Os direitos de ordem social, elencados na Constituição Federal, não excluem outros, que se agreguem ao ordenamento pátrio, seja pela via legislativa ordinária, seja por força da adoção de tratados internacionais. Assim, como primeira nota dos direitos sociais, há que acentuar sua abertura (não são *numerus clausus*). É o que se depreende do próprio *caput* do art. 7º, que declara não estarem excluídos outros direitos sociais que visem à melhoria da condição social dos trabalhadores."

Observa ainda André Ramos Tavares[114] que os direitos sociais também se caracterizam por serem irrenunciáveis, considerando que as normas que os regem são tidas por cogentes, de ordem pública, o que implica não poderem sequer os teus titulares dispor deles. Isso leva a crer que os direitos sociais se situam como *espécie dos denominados direitos indisponíveis,* na medida em que nem mesmo os seus titulares podem dispor deles.

Ao discorrer sobre direitos sociais na Constituição portuguesa, observa Canotilho[115] que no Capítulo II, que trata dos direitos eco-

---

[113] TAVARES, André Ramos. *Op. cit.*, p. 585-586.

[114] *Ibidem*, p. 586.

[115] CANOTILHO, José Joaquim Gomes. *Op. cit.*, p. 348. Sobre tais direitos assim se pronuncia: "Estes direitos apelam para uma democracia económica e social num duplo sentido: (1) em primeiro lugar, são direitos de todos os portugueses e, tendencialmente, de todas as pessoas residentes em Portugal (segurança social, saúde, habitação, ambiente e qualidade de vida, como se pode ver, por ex., através dos arts. 63º, 64º, 65º, 66º e 67º); (2) em segundo lugar, pressupõem um tratamento preferencial para as pessoas que, em virtude de condições económicas, físicas ou sociais, não podem desfrutar destes direitos (cfr. art. 63º/4, 64º/2, 65º/3, 67º/e, 68º, 69º, 70º, 71º e 72º). Um terceiro sentido se poderá ainda apontar à dimensão da democracia económica e social no campo dos direitos sociais: a tendencial igualdade dos cidadãos no que respeita às prestações sociais. Isto aponta, por ex., para um *sistema de segurança*

Ação Civil Pública

nômicos, sociais e culturais, há um extenso rol de direitos inseridos nesta categoria.

A tutela dos direitos culturais está garantida pela Constituição Brasileira (arts. 215 e 216).

O art. 215 prevê que "O Estado garantirá a todos o pleno exercício dos direitos culturais e acesso às fontes da cultura nacional, e apoiará e incentivará a valorização e a difusão das manifestações culturais".

De outro lado, o seu art. 216 estabelece a dimensão do patrimônio cultural, ao assim dispor: "Constituem patrimônio cultural brasileiro os bens de natureza material e imaterial, tomados individualmente ou em conjunto, portadores de referência à identidade, à ação, à memória dos diferentes grupos formadores da sociedade brasileira, nos quais se incluem: I – as formas de expressão; II – os modelos de criar, fazer e viver; III – as criações científicas, artificiais e tecnológicas; IV – as obras, objetos, documentos, edificações e demais espaços destinados às manifestações artístico-culturais; V – os conjuntos urbanos e sítios de valor histórico, paisagístico, artístico, arqueológico, paleontológico, ecológico e científico".

De acordo com o magistério de José Afonso da Silva,[116] a existência do direito à cultura, considerado um direito constitucional fundamental, implica a correspondente obrigação do Estado de atendê-lo, mediante uma postura positiva, cuja realização, de forma efetiva, requer uma *política cultural oficial*.

Quanto aos direitos econômicos, que na verdade têm a ver com o direito ao exercício da atividade econômica, sua disciplina normativo-constitucional vem estabelecida pelos arts. 170 a 192 da Constituição Brasileira.

Como princípio primeiro e geral, a Carta Magna revela comando no sentido de que a atividade econômica deve ser exercida em prol da valorização do ser humano, centro teleológico de todas as atenções, em termos de crescimento e preservação, ao dispor em seu art. 170: "A ordem econômica, fundada na valorização do trabalho humano e na livre iniciativa, tem por fim assegurar a todos existência digna, conforme os ditames da justiça social, observados os seguintes princípios: I – soberania; II – propriedade privada; III– função social da propriedade; IV– livre concorrência; V– defesa do consu-

---

social unificado (art. 63°/2), para um *serviço nacional de saúde, universal, geral e tendencialmente gratuito* (art. 64°/2), e para uma *política nacional de prevenção e tratamento, reabilitação e integração dos deficientes* (art. 71°/2).

[116] SILVA, José Afonso da. *Comentário contextual à Constituição*. São Paulo: Malheiros, 2005. p. 803.

midir; VI – defesa do meio ambiente, inclusive mediante tratamento diferenciado conforme o impacto ambiental dos produtos e serviços e de seus processos de elaboração e prestação; VII – redução das desigualdades regionais e sociais; VIII – busca do pleno emprego; IX – tratamento favorecido para as empresas de pequeno porte constituídas sob as leis brasileiras e que tenham sua sede e administração no País".

E, como normatização superior acerca do exercício da atividade econômica, o parágrafo único do art. 170 da Constituição assim dispõe: "É assegurado a todos o livre exercício de qualquer atividade econômica, independentemente de autorização de órgãos públicos, salvo nos casos previstos em lei".

No que se refere ao direito à educação, de acordo com a Constituição Brasileira, ele constitui uma modalidade de direito social (art. 6º), inserido no Capítulo II do Título II dos Direitos e Garantias Fundamentais.

A normatização analítica desse direito, em nível também constitucional, é feita pelos arts. 205[117] a 214.

Em nível infraconstitucional, a normatização mais detalhada e importante a respeito do direito à educação é feita pela Lei nº 9.394, de 20 de dezembro de 1996, denominada Lei de Diretrizes e Bases da Educação Nacional. Dois de seus dispositivos merecem aqui ser destacados: o que dá idéia do alcance semântico do termo *educação* e o que confere titularidade a pessoas e entidades para exigir o acesso ao ensino fundamental do Poder Público.

O art. 1º dessa Lei trata da primeira situação acima referida, ao dizer que "A educação abrange os processos formativos que se desenvolvem na vida familiar, na convivência humana, no trabalho, nas instituições de ensino e pesquisa, nos movimentos sociais e organizações da sociedade civil e nas manifestações culturais"; a outra situação, por sua vez, vem disciplinada no seu art. 5º, *caput*, que assim dispõe: "O acesso ao ensino fundamental é direito público subjetivo, podendo qualquer cidadão, grupo de cidadãos, associação comunitária, organização sindical, entidade de classe ou outra legalmente constituída, e, ainda, o Ministério Público, acionar o Poder Público para exigi-lo".

---

[117] Dispõe o art. 205 da CF que "A educação, direito de todos e dever do Estado e da família, será promovida e incentivada com a colaboração da sociedade, visando ao pleno desenvolvimento da pessoa, seu preparo para o exercício da cidadania e sua qualificação para o trabalho."

Cabe ainda salientar que nenhuma constituição brasileira anterior à de 1988 se preocupou em disciplinar, de modo tão exaustivo, a temática alusiva à educação.

No que diz respeito à saúde, a Constituição Federal trata dela na Seção II (arts. 196 a 200) do Capítulo II – Da Seguridade Social – do Título VIII – Da ordem Social .

A propósito, diz José Afonso da Silva[118] acreditar que tenha sido a Constituição Italiana a que saiu na frente, ou seja, foi a primeira que reconheceu ser a saúde um direito fundamental não só da pessoa (indivíduo), mas da coletividade em seu todo. Posteriormente, com uma formulação universal e de forma mais precisa sobre tal direito, teria disposto a Constituição Portuguesa; também as Constituições da Espanha e a da Guatemala teriam acolhido a positivação do direito relativo à saúde.

Por esse alcance semântico do direito à saúde, pode-se perfeitamente sustentar que ele não encerra uma visão restrita, mas ampla.

Assim, o direito à saúde abrange a adoção de políticas públicas voltadas para o acesso efetivo à preservação desse direito, com atendimento médico-hospitalar imediato, disponibilidade de leitos em clínicas ou hospitais, acesso a terapias e remédios vitais para a preservação da integridade física e psíquica e um sistema organizado de transplantes.

Antes disso, abarca políticas públicas voltadas para o saneamento, principalmente de regiões onde seja iminente o risco de proliferarem doenças endêmicas, impondo-se, com isso, medidas preventivas de preservação da saúde.

Logo, a saúde é um direito fundamental assegurado a todos os brasileiros e, por conseguinte, um dever do Estado, que deve assegurá-lo com o incremento de políticas públicas de caráter preventivo e curativo.

---

[118] SILVA, José Afonso da. *Comentário contextual à Constituição. Op. cit.*, p. 185, em seguimento, ainda assim se manifesta: "O importante é que essas quatro Constituições o relacionam com a seguridade social. A evolução conduziu à concepção da nossa Constituição de 1988, que declara a saúde 'direito de todos e dever do Estado, garantido mediante políticas sociais e econômicas que visem à redução do risco de doença e de outros agravos e ao acesso universal e igualitário às ações e serviços para sua promoção, proteção e recuperação' – serviços e ações que 'são de relevância pública' (arts. 196 e 197). A Constituição o submete ao conceito de seguridade social, cujas ações e meios se destinam também a assegurá-lo e torná-lo eficaz. Como ocorre com os direitos sociais em geral, o direito à saúde comporta *duas vertentes*, conforme anotam Gomes Canotilho e Vital Moreira: 'uma, de natureza negativa, que consiste no direito a exigir do Estado (ou de terceiros) que se abstenha de qualquer acto que prejudique a saúde; outra, de natureza positiva, que significa o direito às medidas e prestações estaduais visando à prevenção das doenças e ao tratamento delas'".

Dessa forma, ainda que assegurado o efetivo direito à saúde no plano curativo, mas não no preventivo, ou vice-versa, incompleto estará o seu exercício, pois ele somente se perfectibiliza na plenitude quando se reveste desse duplo caráter cronológico: preventivo (antes) e curativo (durante e depois) da doença.

O direito ao trabalho é considerado como direito social pela Constituição Brasileira (art. 6º).

O art. 7º da Constituição, em seus trinta e quatro incisos, contempla uma gama considerável de direitos dos trabalhadores.

O seu art. 9º, *caput*, por sua vez, consagra o direito de greve, nos seguintes termos: "É assegurado o direito de greve, competindo aos trabalhadores decidir sobre a oportunidade de exercê-lo e sobre os interesses que devam por meio dele defender", e o seu § 1º consagra comando acerca do exercício desse direito em relação aos serviços ou atividades tidas como essenciais, e o seu § 2º preceitua que "Os abusos cometidos sujeitam os responsáveis às penas da lei".

Por fim, enquanto o seu art. 10 diz que "É assegurada a participação dos trabalhadores e empregadores nos colegiados dos órgãos públicos em que seus interesses profissionais ou previdenciários sejam objeto de discussão e deliberação", o art. 11 dispõe que "Nas empresas de mais de duzentos empregados, é assegurada a eleição de um representante destes com a finalidade exclusiva de promover-lhes o entendimento direto com os empregadores".

O direito à moradia também é considerado um direito fundamental do ser humano e tido como uma modalidade de direito social pela Constituição Brasileira (art. 6º).

A competência para legislar a respeito desse direito é comum da União, dos Estados, do Distrito Federal e dos Municípios (art. 23, IX, da CF).

O direito à moradia, como direito fundamental, foi introduzido na Constituição Federal, como direito fundamental, passando a integrar o rol dos direitos sociais, pela Emenda Constitucional nº 26, de 14 de fevereiro de 2000.

Observa Sérgio Iglesias Nunes da Silva[119] que "O direito à moradia tem as seguintes características, não só por ser direito humano e fundamental, mas por tratar-se de um direito de personalidade: intransmissibilidade, indisponibilidade, irrenunciabilidade, universalidade, inviolabilidade, interdependência – quanto aos efeitos dos

---

[119] SOUZA, Sérgio Iglesias Nunes de. *Direito à moradia e de habitação*. São Paulo: Revista dos Tribunais, 2004. p. 346.

demais direitos da personalidade – , além de ter caráter extrapatrimonial, de ser impenhorável, vitalício, necessário, essencial, oponível *erga omnes*, absoluto e imprescritível".

Essas características do direito à moradia, contudo, são questionáveis, notadamente quando colocado no patamar de direitos absolutos, de existência duvidosa.

Contudo, se acolhido o magistério de Sérgio Iglesias Nunes da Silva, importante considerar que o direito à moradia não se confunde com o direito à habitação, não encerrando, portanto, a mesma acepção semântica.

Enquanto o direito à moradia ostenta as características acima enunciadas, o direito de habitação, ao contrário, é de um direito real, é prescritível, também considerado não-vitalício e temporário, pode ser renunciado e é transmissível, exceção feita na forma gratuita, podendo ainda ser penhorado e hipotecado.[120]

O direito à moradia foi exaustivamente examinado por Ingo Sarlet[121] em artigo publicado em periódico de grande circulação. Nele, depois de sustentar que há uma estreita e indissociável vinculação do direito à moradia com a dignidade da pessoa humana, apregoa que este direito deve ser tido como fundamental autônomo, tendo proteção e objeto próprios. Salienta, ainda, que a Comissão da ONU que trata dos Direitos Econômicos, Sociais e Culturais, na busca de estabelecer padrões internacionais, conseguiu identificar vários elementos, que seriam considerados básicos, no âmbito do direito à moradia.[122]

Esse extenso rol de elementos considerados básicos ao direito à moradia, vistos em toda a sua extensão, talvez sirva para melhor explicar quão difícil se torna a tarefa de tornar esse direito efetivo, com a adoção de medidas concretas que propiciem sua fruição pelo ser humano, especialmente levando em conta, de um lado, o excesso

---

[120] SOUZA, Sérgio Iglesias Nunes de Souza. *Op. cit.*, p. 346-347.

[121] SARLET, Ingo Wolfgang. O direito fundamental à moradia na Constituição: algumas anotações a respeito de seu contexto, conteúdo e possível eficácia. *Revista de Direito do Consumidor*, São Paulo: Revista dos Tribunais, n. 46, p. 191-244, abr./jun. 2003.

[122] Esses elementos básicos, mencionados nesse artigo, p. 213-214, seriam os seguintes: "a) Segurança jurídica para a posse, independentemente de sua natureza e origem. b) Disponibilidade de infra-estrutura básica para a garantia da saúde, segurança, conforto e nutrição dos titulares do direito (acesso à água potável, energia para o preparo da alimentação, iluminação, saneamento básico, etc.). c) As despesas com a manutenção da moradia não podem comprometer a satisfação de outras necessidades básicas. d) A moradia deve oferecer condições efetivas de habitabilidade, notadamente assegurando a segurança física aos seus ocupantes. e) Acesso em condições razoáveis à moradia, especialmente para os portadores de deficiência. f) Localização que permita o acesso ao emprego, serviços de saúde, educação e outros serviços sociais essenciais. g) A moradia e o modo de sua construção devem respeitar e expressar a identidade e diversidade cultural da população".

de demandas (inúmeras são as pessoas que necessitam de moradia, e com esses elementos básicos o número torna-se maior) e, de outro lado, a insuficiência dos recursos financeiros de que dispõe a Administração Pública para efetivar tal direito.

Em razão disso, há que reconhecer como perfeitamente sustentável que, no que respeita ao direito à moradia, visto sob a ótica de direito positivo, em que se exige do Estado uma conduta positiva (um *praestare*), a norma constitucional que o consagra é de eficácia limitada, o que significa dizer que ela somente poderá gerar efeitos, em toda a sua plenitude, tornando efetivo esse direito, com a necessária manifestação da atividade legislativa, sem o que sua fruição continuará impraticável; aliás, como de resto ocorre com a maioria dos direitos sociais.[123]

O lazer também está consagrado como um direito fundamental e constitui espécie de direito social (art. 6º da CF).

E a Constituição Brasileira, dada a importância desse direito, cada vez mais, no mundo em que vivemos, estabeleceu que o Poder Público incentivará o lazer, como forma de promoção social (art. 217, § 3º).

O lazer é assim um direito relevante para o ser humano, na medida em que complementa uma de suas necessidades básicas, que é ver a vida com um enfoque que propicia um afrouxamento, ainda que temporário, de suas tensões decorrentes da atividade laboral ou dos obstáculos que lhe são opostos no dia-a-dia.

O lazer, dessa forma, propicia um momento de distensão, ajuda a traçar novos rumos, constitui alavanca natural que leva a uma reflexão mais eqüidistante dos problemas e serve de bússola a orientar novos caminhos. Liberta, também, o ser humano das amarras dos compromissos da vida diária, que o apresilham e não lhe propiciam, na maioria das vezes, um discernimento mais abrangente e efetivo, pois não antecedido de uma necessária reflexão, que na verdade

---

[123] A este respeito, cabe trazer à colação a observação feita por Ingo Wolfgang Sarlet, no referido artigo publicado na Revista de Direito do Consumidor nº 46, p. 233: "Neste contexto e antes de seguirmos, convém lembrar que é justamente na sua dimensão prestacional (e em função desta) que os direitos sociais – e o direito à moradia em especial – têm sido enquadrados na categoria das normas constitucionais programáticas (ou impositivas de programas, fins e tarefas, como sugere Canotilho), posição esta que ainda parece refletir a posição dominante, notadamente no direito comparado e internacional. Tal entendimento – apenas a título ilustrativo – restou consignado, reiteradamente, pelo Tribunal Constitucional de Portugal, sustentando, na esteira do magistério de Gomes Canotilho e Vieira de Andrade, que o direito à habitação, compreendido como direito a ter uma moradia condigna, constitui um direito a prestações, cujo conteúdo não pode ser determinado ao nível das opções constitucionais e pressupõe uma tarefa de concretização e de mediação do legislador ordinário, não conferindo ao cidadão um direito imediato a uma prestação efetiva, já que não é diretamente aplicável, nem exeqüível por si mesmo".

Ação Civil Pública

somente se consegue quando há descompromisso com o momento, que, sendo de responsabilidade e atenção, próprio da atividade laboral, é difícil atingir.

O lazer, pois, serve para recompor o ser humano com o seu interior, com a busca do equilíbrio que lhe propicie crescer e levar uma vida melhor. Logo, torna-se inquestionável seu reconhecimento como direito fundamental.

O direito à segurança é um dos mais vitais para o ser humano. Sem ele, sua tranqüilidade fica comprometida, sua integridade física colocada em xeque, e a vida das pessoas, em segundos, pode ser ceifada abruptamente.

Por isso, facilmente se explica porque a Constituição Brasileira considera a segurança um direito fundamental do ser humano, modalidade de direito social (art. 6°), contendo, inclusive, um capítulo inteiro dedicado à segurança pública (Capítulo III, art. 144, do Título V).

Logo, qualquer ato comissivo ou omisso do Estado que implique comprometimento da segurança pública traz a marca inexorável de violação do direito à segurança, cujo restabelecimento, por ser direito fundamental, se torna imperativo.

O direito à previdência social também vem consagrado pela Constituição Federal como um direito social (art. 6°).

A previdência social está prevista na Seção III do Capítulo II – Da Seguridade Social –, do Título VIII – Da Ordem Social (arts. 201 a 202 da CF).

Os planos de benefício da previdência social estão disciplinados na Lei n° 8.213, de 24 de julho de 1991, que por sua vez foi regulamentada pelo Decreto n° 3.048, de 6 de maio de 1999.

Impende aqui registrar que, enquanto a previdência social tem a natureza de seguro social, pois uma de suas principais marcas é o caráter contributivo, uma vez que o fornecimento de benefícios previdenciários pressupõe a ocorrência de contribuição, isto não ocorre com a assistência social e a saúde, pois nesses dois campos a ação do Estado, em favor da população, se dá independentemente de qualquer prestação pecuniária (arts. 203, *caput*; 196 e 198, § 1°, da CF). É essa, aliás, a linha de pensamento desenvolvida por Leandro Luís Camargo dos Santos.[124]

---

[124] SANTOS, Leandro Luís Camargo dos. *Curso de Direito da Seguridade Social*. São Paulo: LTr, 2004. p. 195.

A propósito, cabe observar que a previdência social contempla prestações de duas modalidades: os *benefícios* e os *serviços*.

De acordo com José Afonso da Silva,[125] os benefícios previdenciários traduzem-se em prestações de caráter pecuniário, devidas não somente aos segurados, mas a qualquer pessoa que esteja a contribuir para previdência social de conformidade com os planos previdenciários. Esses benefícios consistem em auxílios em razão de doença, salário-desemprego, pensão por morte do segurado e aposentadoria por invalidez, velhice ou por tempo de serviço.

De outro lado, *os serviços previdenciários*, ainda consoante o entendimento de José Afonso da Silva,[126] consistem em prestações de caráter assistencial, "[...] na área médica, farmacêutica, odontológica, hospitalar, social e de reeducação ou de readaptação profissional".

A preocupação com a proteção à maternidade e à infância vem estampada na Seção IV – Da Assistência Social – do Capítulo II – Da Seguridade Social – do Título VIII – Da Ordem Social – da Constituição Federal.

Entre os objetivos da Assistência Social está o de proteger a maternidade e a infância (art. 203, I, da CF).

A Lei nº 8.742, de 7 de dezembro de 1993, dispõe sobre a organização da Assistência Social. Em seu art. 31, confere ao Ministério Público a incumbência de zelar pelo efetivo respeito aos direitos nela estabelecidos, entre os quais estão os relacionados com a proteção da maternidade e da infância (art. 2º, I).

Por fim, cabe ainda lembrar que, na categoria dos direitos de segunda dimensão, deve ser considerado *o direito ao mínimo existencial*, e que este direito é inerente à preservação da dignidade da pessoa humana.

Mas no que consiste a dignidade da pessoa humana?

Depois de sustentar que o principal direito fundamental garantido pela Constituição Brasileira é o da dignidade da pessoa humana, observa Rizzato Nunes[127] que a "Dignidade é um conceito que foi sendo elaborado no decorrer da história e chega ao início do século XXI repleta de si mesma como um valor supremo, construído pela razão jurídica".

---

[125] SILVA, José Afonso. *Curso de Direito Constitucional Positivo. Op. cit.*, p. 762.

[126] *Ibidem*, p. 763.

[127] NUNES, Luiz Antônio Rizzatto. *O princípio constitucional da dignidade da pessoa humana: doutrina e jurisprudência*. São Paulo: Saraiva, 2002. p. 46.

De acordo com o magistério de José Afonso da Silva,[128] "Dignidade da pessoa humana é um valor supremo que atrai o conteúdo de todos os direitos fundamentais do homem, desde o direito à vida."

Tanto é assim que a atual Constituição Brasileira erigiu a dignidade da pessoa humana a um de seus princípios fundamentais (art. 1º, III).

Preleciona Jean-Jacques Israel[129] que o princípio da dignidade da pessoa humana, depois de permanecer por longo tempo num estágio subjacente, foi, paulatinamente, sendo reconhecido, notadamente por ocasião da Segunda Guerra Mundial, e ainda em documentos internacionais e em Constituições de Estados estrangeiros.

Salienta ainda Jean-Jacques Israel[130] que o princípio da dignidade da pessoa humana, considerado princípio fundador dos direitos do ser humano, reflete "[...] a própria essência da concepção humanista da consciência universal originária de uma exigência ética fundamental".

Ao tratar da origem e desenvolvimento do conceito de dignidade da pessoa humana, observa Fernando Ferreira dos Santos[131] que o conceito de pessoa, visto como categoria espiritual e que possui valor, sendo, pois, titular de direitos fundamentais e que ostenta dignidade, surgiu com o Cristianismo.

A propósito, preleciona Ingo Sarlet[132] que

"temos por dignidade da pessoa humana a qualidade intrínseca e distintiva de cada ser humano que o faz merecedor do mesmo respeito e consideração por parte do Estado e da comunidade, implicando, neste sentido, um complexo de direitos e deveres fundamentais que assegurem a pessoa tanto contra todo e qualquer ato de cunho degradante e desumano, como venham a lhe garantir as condições existenciais mínimas para uma vida saudável, além de propiciar e promover sua participação ativa e co-responsável nos destinos da própria existência e da vida em comunhão com os demais seres humanos."

Logo, essas *condições existenciais mínimas para uma vida saudável*, de que nos fala Ingo Sarlet, correspondem ao *direito ao mínimo existen-*

---

[128] SILVA, José Afonso. *Curso de Direito Constitucional Positivo. Op. cit.*, p. 106.

[129] ISRAEL, Jean-Jacques. *Op. cit.*, p. 387.

[130] *Ibidem*, p. 388.

[131] SANTOS, Fernando Ferreira dos. *Princípio constitucional da dignidade da pessoa humana*. São Paulo: Instituto Brasileiro de Direito Constitucional, 1999. p. 19.

[132] SARLET, Ingo Wolfgang. *Dignidade da pessoa humana e direitos fundamentais na Constituição Federal de 1988*. Porto Alegre: Livraria do Advogado, 2001. p. 60.

cial, como categoria de direito fundamental de segunda dimensão, e que tem a ver com a preservação da dignidade da pessoa humana em toda a sua extensão, sob pena de, se isso não ocorrer, ser descaracterizado o Homem nos seus valores essenciais e, por conseguinte, estar sendo sufocado e agredido no seu núcleo central de estima e sobrevivência com altivez, por isso mesmo valor indisponível, irrenunciável, pois, sem tal direito assegurado, sua existência passa a ter a dimensão de um ser qualquer ou até mesmo de mero objeto.

A dignidade da pessoa humana, cada vez mais, assume relevo não somente no cenário jurídico como também no debate decorrente do avanço tecnológico. Tanto é assim que as discussões travadas com respeito à clonagem humana, quer para os que a defendem, quer para os que a censuram, têm como argumento-matriz a dignidade da pessoa humana, conforme assevera Maura Roberti.[133]

Observa Ricardo Lobo Torres[134] que "Há um direito às *condições mínimas de existência humana digna* que não pode ser objeto de intervenção do Estado e que ainda exige prestações estatais positivas". E que esse mínimo, por não ter dicção constitucional própria, tampouco um conteúdo previamente determinado, engloba qualquer direito.

No mesmo sentido de que o mínimo existencial não tem previsão expressa na Constituição Brasileira de 1988, tampouco nas principais constituições de outros países, é o entendimento de Luiz Felipe Silveira Difini.[135] Assinala, contudo, que esse direito é possível de ser extraído do disposto no art. 3º, III, da CF, que estabelece como objetivos fundamentais da República Federativa do Brasil a erradicação da pobreza, bem como da marginalização e ainda a redução das desigualdades sociais regionais e, afora isso, levando em conta que um dos princípios fundamentais da República Federativa do Brasil diz respeito à dignidade da pessoa humana (art. 1º, III, da CF).

Assim, cabe observar que qualquer direito, desde que a sua fruição seja imprescindível ao ser humano para manter a sua existência digna, caracteriza situação de direito ao mínimo existencial.

O direito ao mínimo existencial compreende, v.g., os direitos relativos à educação primária, à saúde e à alimentação. Sem estes,

---

[133] ROBERTI, Maura. *Biodireito* – novos desafios. Porto Alegre: Sergio Antonio Fabris, 2007. p. 119.

[134] TORRES, Ricardo Lobo. O mínimo existencial e os direitos fundamentais. *Revista de Direito Administrativo*, Rio de Janeiro, v. 177, p. 29, jul./set. 1989.

[135] DIFINI, Luiz Felipe Silveira. *Proibição de tributos com efeito de confisco*. Porto Alegre: Livraria do Advogado, 2006. p. 135-136.

o ser humano assiste à sua aniquilação, ficam comprometidas suas necessidades básicas e imprescindíveis para manter uma existência digna.

Assim, o direito ao mínimo existencial, na condição de direito fundamental, corresponde à necessidade de assegurar ao ser humano o que é imprescindível para que a sua dignidade possa ser preservada, sob pena de aviltamento dessa condição de ser racional, dotado de inteligência, e com inexorável comprometimento de valores essenciais, próprios de sua condição humana.

De acordo com Ana Paula de Barcellos,[136] o mínimo existencial compreenderia quatro elementos, três de natureza material e um de caráter instrumental: a) a educação fundamental; b) a saúde básica; c) a assistência aos desamparados; e d) o acesso à Justiça.

Embora não se discorde desses elementos que estariam compreendidos no mínimo existencial, é importante ainda salientar que eles não podem ser tidos como *numerus clausus*, pois outros podem ser considerados, como, v.g., a moradia.

Salienta Paulo Gilberto Cogo Leivas[137] que "Em favor do mínimo existencial falam os princípios da liberdade fática, da dignidade humana, do Estado e da igualdade fática"; em contrapartida, afirma que seriam capazes de restringir esse direito o princípio da competência orçamentária do legislador e ainda direitos de terceiros.

O direito ao mínimo existencial, com esse enfoque, levando assim em conta o seu significado e a sua abrangência, leva a crer que se trata de um direito que visa a preservar valores que dizem respeito ao núcleo central e imprescindível para que alguém não perca sua condição de ser humano, sob pena de aniquilamento dessa condição. Isso implica dizer que se trata de um direito inserido na categoria dos direitos indisponíveis, mas de acentuada indisponibilidade, pois, se pudesse dele dispor, o ser humano perderia essa estatura de ser superior para converter-se num ser qualquer, desprovido da mínima dignidade.

2.6.3. Direitos fundamentais de 3ª dimensão

A existência de um mundo dividido – de um lado nações desenvolvidas e, de outro, as subdesenvolvidas ou em lento estágio de desenvolvimento – fez com que houvesse a busca de novos direitos fundamentais, situados em nova dimensão, a terceira, consoante en-

---

[136] BARCELLOS, Ana Paula. *A eficácia dos princípios constitucionais:* o princípio da dignidade da pessoa humana. Rio de Janeiro: Renovar, 2002. p. 258.

[137] LEIVAS, Paulo Gilberto Cogo. *Op. cit.*, p. 133.

tendimento de Paulo Bonavides,[138] para quem estão eles assentados na fraternidade, e sua proteção não estaria voltada somente para os direitos individuais ou coletivos, uma vez que, primeiramente, se destinam a tutelar o ser humano.

Ainda que assim seja, o fato é que os direitos de 3ª dimensão têm uma preocupação voltada para o agrupamento social em seu todo, na medida em que procuram tutelar valores, direitos e bens de expressão significativa para a sociedade, v.g., os relacionados com o meio ambiente, consumidores e patrimônio cultural, comunicação e desenvolvimento.

Tanto é assim que Ingo Sarlet[139] defende o entendimento de que os direitos de 3ª dimensão objetivam proteger, v.g., a família, o povo, a nação, o que faz com que eles tenham uma titularidade de natureza difusa ou coletiva.

Com efeito, o fato de os direitos de 3ª dimensão estarem voltados para o ser humano nada impede que, considerando as modalidades de direitos aí compreendidas, se extraia daí uma preocupação mais voltada para esse mesmo ser, mas na sua esfera coletiva, ou seja, os direitos aí contemplados têm sua atenção muito mais dirigida para o grupo social, e seu titulares são indetermináveis, o que, por este ângulo, já implica incursionar pelo universo dos interesses difusos.

3. Ação Civil Pública como garantia fundamental repressiva

Para enfrentar este tópico, antes de mais nada, ainda que sumariamente, é preciso distinguir direitos fundamentais de garantias fundamentais.

Direitos fundamentais seriam aqueles interesses relevantes para o ser humano, que, de acordo com a Constituição Brasileira, especialmente levando em conta a abertura propiciada pelo seu art. 5º, § 2º, seriam não somente os inseridos no catálogo constitucional (Título II), mas também os dispersos ao longo de todo o texto constitucional (direitos fundamentais em sentido formal), bem como os

---

[138] BONAVIDES, Paulo. *Op. cit.*, p. 522-3.

[139] SARLET, Ingo Wolfgang. *A eficácia dos direitos fundamentais. Op. cit.*, p. 52-53.

consagrados em tratados internacionais (direitos fundamentais em sentido material).[140]

Garantias fundamentais, por seu turno, seriam os instrumentos constitucionais aptos a tornar efetivos os direitos fundamentais.

De acordo com o magistério de Dimitri Dimoulis,[141] as garantias fundamentais seriam disposições inseridas no plano constitucional destinadas a tornar efetivos os direitos fundamentais consagrados na Carta Magna. Em razão disso, seguindo o entendimento desse autor, as garantias fundamentais poderiam ser de duas espécies: garantias preventivas e repressivas. As garantias preventivas, que seriam as garantias da Constituição, tem a ver com "[...] os princípios de organização e fiscalização das autoridades estatais que objetivam limitar o poder estatal e concretizam o princípio da separação dos poderes"; de outro lado, ainda segundo Dimitri Dimoulis, as garantias repressivas seriam os remédios constitucionais a serem usados para "[...] impedir violações de direitos ou sanar lesões decorrentes de tais violações (*habeas corpus*, mandado de segurança, ação popular, etc.)".

Com esse enfoque, para efeitos de desenvolvimento deste tópico, a abordagem aqui feita tem a ver com as garantias fundamentais repressivas.

A propósito, cabe inicialmente destacar, conforme observa Norberto Bobbio,[142] que o grande problema de nosso tempo, no que respeita aos direitos do homem, não mais reside em fundamentá-los, mas, sim, em protegê-los, vale dizer, pensar em meios capazes de assegurar-lhes uma efetiva tutela.

Logo, atualmente, mais do que ontem, quando vem à tona a temática envolvendo direitos fundamentais, a preocupação primeira deve estar voltada para descobrir instrumentos processuais que levem a sua efetivação. Caso contrário, todo o esforço histórico empreendido, desde o seu reconhecimento, até o debate teórico que levou à expansão desses direitos, marcada pelas suas dimensões, não terá sentido.

Essa constatação preocupante faz, de imediato, num primeiro momento, com que se relembrem, à luz do direito positivo pátrio constitucionalizado, os instrumentos processuais existentes, capazes

---

[140] Cf. linha de pensamento preconizada por Ingo Wolfgang Sarlet na obra *Eficácia dos direitos fundamentais. Op. cit.;*, p. 86-88.

[141] DIMOULIS, Dimitri. Elementos e problemas da dogmática dos direitos fundamentais. *Revista da Ajuris*, Porto Alegre, v. 102, p. 105, jun. 2006.

[142] BOBBIO, Norberto. *A era dos direitos*. Tradução de: Carlos Nelson Coutinho; apresentação de: Celso Lafer. Rio de Janeiro: Elsevier, 2004. p. 46.

de assegurar a efetividade de direitos fundamentais, por ele reconhecidos, bem como pela doutrina e jurisprudência; mas, de outro lado, impõe-se, necessariamente, a adoção de uma investigação mais profunda no sentido de averiguar a possibilidade de com eles coexistirem outros remédios, previstos também em nível constitucional que, por serem novos ou pouco conhecidos, não foram ainda devidamente aceitos como aptos a atingir esse *status*, ou seja, como garantia fundamental repressiva.

Com esse propósito, cabe primeiramente registrar que, levando em conta o extenso rol de direitos fundamentais acolhidos pela Constituição Brasileira, procurou o legislador constituinte, em conseqüência, de forma expressa, ampliar os remédios processuais tradicionais, tidos como garantias fundamentais repressivas.

Dentro desse enfoque, o legislador constituinte referendou, como garantias fundamentais repressivas, o *habeas corpus* (art. 5º, LXVIII), o mandado de segurança individual (art. 5º, LXIX) e a ação popular (art. 5º, LXXIII).

Mas o legislador constituinte de 1998 não se limitou a isso, foi mais longe. Ele ampliou o leque das garantias fundamentais repressivas, ao instituir o mandado de segurança coletivo (art. 5º, LXX), o mandado de injunção (art. 5º, LXXI) e o *habeas data* (art. 5º, LXXII).

Assim como os direitos fundamentais não são somente os encontrados no catálogo dos direitos fundamentais (Título II da CF), pois o meio ambiente, v.g., direito de 3ª dimensão, está previsto no seu art. 225, da mesma forma o rol das garantias fundamentais repressivas, instrumentos processuais constitucionais destinados a protegê-los e torná-los efetivos, não são se restringe somente àquele constante do art. 5º da CF. Este dispositivo, conforme se viu, consagra aquelas garantias fundamentais repressivas que foram referendadas pelo legislador constituinte, bem como as novas. Com isto se está a dizer que o rol dessas garantias, levando em conta a análise de todo o texto constitucional, não se circunscreve somente ao mandado de segurança, ao *habeas corpus*, à ação popular, ao mandado de injunção, ao *habeas data* e ao mandado de segurança coletivo.

A ação civil pública, como instrumento processual destinado a tutelar interesses e direitos individuais indisponíveis, coletivos *lato sensu*, a ordem jurídica e o regime democrático, também se insere no rol das garantias repressivas fundamentais, apta a tutelar os direitos fundamentais (arts. 127, *caput*, e 129, III).

De outro lado, o entendimento, aqui sustentado, de que a ação civil pública constitui garantia fundamental repressiva, na medida

Ação Civil Pública

em que também se presta a tutelar direitos fundamentais, insere-se, neste ponto, na preocupação doutrinária apregoada por Luiz Guilherme Marinoni,[143] de que, em face do disposto no art. 5º, XXXV, da CF, nele está consagrado o direito a uma prestação jurisdicional efetiva, o que caracteriza um direito fundamental à efetividade da tutela jurisdicional. E esta, em muitas situações, realmente se perfectibiliza por meio da ação civil pública.

Com efeito, havendo um direito fundamental à prestação jurisdicional efetiva, ele somente se realiza, na plenitude, quando admitidos todos os instrumentos processuais constantes do direito positivo brasileiro capazes de viabilizá-lo, entre os quais está a ação civil pública. E esta linha de entendimento fica mais fácil de ser entendida quando se observa que o art. 5º, XXXV, da CF, é incisivo ao dizer que "a lei não excluirá da apreciação do Poder Judiciário lesão ou ameaça a direito". Isso significa, em outras palavras, que para realmente tornar concreta a proteção de direitos ameaçados ou lesados, entre os quais estão aí compreendidos os direitos fundamentais, devem ser considerados todos os instrumentos processuais capazes de atender a essa norma superior.

Cabe, no entanto, verificar se a utilização da ação civil pública para tutelar os direitos fundamentais deve dar-se de forma ampla ou com ressalvas.

Para isso, impõe-se inicialmente observar que podem ser sujeitos passivos dos direitos e garantias fundamentais não somente a pessoa jurídica de direito público, ou a autoridade a ela vinculada, como também a pessoa física ou a pessoa jurídica de direito privado.

Contudo, conforme preleciona Dimitri Dimoulis,[144] "[...] o principal sujeito passivo dos direitos e garantias fundamentais é o poder estatal, incluindo-se nesse qualquer autoridade que exerce competências estatais, mesmo mediante concessão de serviço público ou permissão especial". É nesta situação que se verifica o denominado efeito vertical dos direitos fundamentais, na visão de Dimitri Dimoulis,[145] quando a relação se estabelece entre a pessoa física atingida, situada num plano inferior, e o Estado, postado em patamar superior. Essa relação envolve um interesse individual atingido, não assumindo um caráter metaindividual, pois outras pessoas não estão, necessariamente, sendo atingidas em seus direitos fundamentais; se

---

[143] MARINONI, Luiz Guilherme. *Op. cit.*, p. 179.

[144] DIMOULIS, Dimitri. *Op. cit.*, p. 112.

[145] *Ibidem*, p. 112.

estivessem, isso envolveria interesses situados numa dimensão coletiva *lato sensu*.

Esse interesse individual lesado, dada a sua relevância, direito fundamental, e porque desrespeitado pelo Estado (ente superior), que tem a obrigação de respeitá-lo, faz com que seja ele considerado um interesse individual indisponível.

O mesmo já não ocorre quando o interesse individual lesado, por afronta a um direito fundamental, o é por uma pessoa jurídica de direito privado ou por uma pessoa física,[146] caso em que ele não assume esse caráter de indisponibilidade. E isso porque, em tal situação, o conflito se circunscreve a uma órbita estreita, entre particulares, sem a participação do Estado; a relação aqui se situa num plano de maior equilíbrio entre os litigantes, a despeito de o ofensor do direito fundamental eventualmente poder ser mais forte política ou economicamente que o ofendido, situação que caracterizaria o denominado *efeito horizontal,* de acordo com a doutrina e jurisprudência da Alemanha, conforme noticia Dimitri Dimoulis.[147]

Contudo, nem por isso essa superioridade política ou econômica serve para tornar esse interesse individual indisponível. Tanto é assim que, numa ação indenizatória movida por um particular em relação a outro, por suposta violação da honra e da sua imagem (art. 5º, V e X, da CF), o interesse de dirimir a lide, quanto à forma e em que condições isto deve ocorrer, diz respeito à esfera exclusiva dos seus interesses. Logo, nem o Estado, tampouco suas instituições, devem aí se intrometer, pois a relação de direito material litigiosa, a despeito de calcada em violação de direitos fundamentais, se situa na esfera restrita dos interesses dos litigantes; somente quem inter-

---

[146] MARINONI, Luiz Guilherme. *Op. cit.*, p. 171, registra que "Há grande discussão sobre a questão da eficácia horizontal dos direitos fundamentais. Há quem sustente que os direitos fundamentais possuem eficácia imediata sobre as relações entre os particulares, e outros apenas mediata." De outro lado, cabe observar, Cfe STEINMETZ, Wilson. Direitos fundamentais e relações entre particulares: anotações sobre a teoria dos imperativos de tutela. *Revista da Ajuris*, Porto Alegre, v. 103, p. 341, set. 2006, reportando-se a Canaris, diz que "... a *teoria dos direitos fundamentais como imperativos de tutela* adota o ponto de partida de que, em princípio, particulares não são destinatários de direitos fundamentais; a *teoria da eficácia imediata* adota ponto de partida inverso".

[147] DIMOULIS, Dimitri. *Op. cit.*, p. 112, a este respeito assim se pronuncia: "A doutrina e jurisprudência alemã analisou a possibilidade de reconhecer um *efeito horizontal* que vincularia *diretamente* os particulares em determinadas situações, tema esse que motivou algumas recentes pesquisas no Brasil. A CF não se refere ao efeito horizontal. Na maioria dos casos, os particulares respeitam os direitos fundamentais de forma reflexiva, cumprindo a legislação ordinária. Para que um direito não seja lesionado nas relações entre particulares é suficiente e eficiente aplicar normas infraconstitucionais sem recorrer diretamente à Constituição. São raros os casos nos quais a legislação infraconstitucional apresenta lacunas de proteção do titular de direitos fundamentais. Assim sendo, a vinculação direta de terceiros por normas de direitos fundamentais só pode ser cogitada em casos excepcionais".

Ação Civil Pública

vém, neste caso, é o Estado-Juiz, desde que provocado e para compor a lide.

Com isso, a ação civil pública, em face do ordenamento constitucional brasileiro (arts. 127, *caput*, e 129, III), afirma-se também como garantia fundamental repressiva apta a tutelar direitos fundamentais, quando eles tiverem sido violados na sua dimensão coletiva *lato sensu*, independentemente de quem tenha sido o infrator; ou quando se tratar de interesse individual indisponível, o que ocorre nas relações estabelecidas entre uma pessoa e o Estado, como pessoa jurídica de direito público interno, quer ainda por suas autoridades ou pessoas que desempenham atividades mediante concessão do serviço público[148] ou permissão,[149] casos em que se verifica o denominado efeito vertical, decorrente da relação estabelecida entre uma pessoa física (ente inferior) e o Estado, *lato sensu* (ente superior).

Além disso, cabe ainda frisar que a ação civil pública, com esse enfoque, se destina não somente a tutelar os direitos fundamentais em sentido formal como também os em sentido material. Qualquer restrição quanto a estes significaria, num primeiro momento, ignorar o fato de a Constituição brasileira reconhecer ambos como direitos fundamentais (art. 5°, § 2°); afora isso, implicaria acolher interpretação inaceitável, na medida em que, conforme observa Pérez Luño,[150] a hermenêutica constitucional, longe de exaurir-se numa mera subsunção lógica ou na elaboração conceitual, exige a firme vontade do intérprete dirigida a realizar de forma significativa os objetivos da Constituição. E um deles, por certo, foi colocar os direitos fundamentais em sentido material em pé de igualdade com os formais, dados os termos em que foi redigido o dispositivo constitucional acima referido.

Com isso, é possível afirmar que a atividade jurisdicional exercida na ação civil pública alcança a tutela dos interesses fundamentais quando estes estiverem situados na esfera dos interesses coletivos *lato sensu*, seja quem for o infrator desses direitos, e também na dos interesses individuais, mas aqui somente quando o ofensor for o Estado, e o ofendido for uma pessoa física, caso em que se caracteriza

---

[148] MEIRELLES, Hely Lopes. *Direito Administrativo brasileiro*. 32. ed. Atualizada por Eurico de Andrade Azevedo, Délcio Balestero Aleixo e José Emmanuel Burle Filho. São Paulo: Malheiros, 2006. p. 385-386, preleciona que *"Concessão* é a delegação contratual da execução do *serviço*, na forma autorizada e regulamentada pelo Executivo. O contrato de concessão é ajuste de Direito Administrativo, bilateral, oneroso, comutativo e realizado *intuitu personae"*.

[149] *Ibidem*, p. 188. O autor assevera que *"Permissão* é o ato administrativo negocial, discricionário e precário, pelo qual o Poder Público faculta ao particular a *execução de serviços de interesse coletivo*, ou o *uso especial de bens públicos*, a título gratuito ou remunerado, nas condições estabelecidas pela Administração".

[150] PÉREZ LUÑO, Antonio Enrique. *Op. cit.*, p. 254.

situação de interesse individual indisponível lesado, o que autoriza o Ministério Público a defendê-los em juízo.

Logo, a atividade jurisdicional não pode ser exercida na ação civil pública, no que se refere à resolução do mérito, quando esta tiver sido ajuizada para tutelar interesses individuais disponíveis, ou seja, quando a relação de direito material litigiosa, por suposta violação de direito fundamental, tenha como sujeitos uma pessoa física e outra pessoa física, ou ainda uma pessoa física e uma pessoa jurídica de direito privado, ou ainda uma pessoa jurídica e outra pessoa jurídica, ambas de direito privado, tampouco quando a relação de direito material litigiosa, por suposta violação a direito fundamental, envolver uma pessoa jurídica e o Estado.

Assim, a ação civil pública ajuizada para tutelar direitos fundamentais nesse campo de incabimento não deve ter trânsito. Logo, a atividade jurisdicional nela desenvolvida deve dar-se no sentido de coibi-la, extinguindo o processo sem resolução de mérito, com base no art. 267, VI, do CPC, e até mesmo antes de angularizada a relação jurídico-processual (arts. 267, I, e 295, II, do CPC), por ilegitimidade ativa do Ministério Público.

De outro lado, contudo, cabe observar que, por destinar-se a ação civil pública a tutelar também direitos fundamentais, constituindo, pois, efetiva garantia fundamental repressiva, qualquer norma infra-constitucional ou emenda à constituição que venha vedar a utilização de ação civil pública para tutelar determinados direitos, quer estejam eles inseridos no catálogo constitucional dos direitos fundamentais, ou situados fora dele, tal normatização restritiva deve ser considerada inconstitucional, pois, à luz do art. 60, § 4º, IV, da Constituição Federal, não poderá ser objeto de deliberação a proposta de emenda que objetive abolir os direitos e garantias individuais.

Com efeito, assim como não merece acolhida a interpretação literal restritiva,[151] no sentido de que essa cláusula pétrea seria in-

---

[151] SARLET, Ingo Wolfgang. *A eficácia dos direitos fundamentais. Op. cit.*, p. 383-388, depois de analisar a abrangência das cláusulas pétreas na esfera dos direitos fundamentais à luz da corrente restritiva e da não-restritiva, ao tratar agora do alcance da proteção outorgada aos direitos fundamentais, assim preleciona: "À luz do que até agora foi exposto, percebe-se que, também no que diz com os direitos fundamentais, a proteção a estes outorgada pelo Constituinte, incluindo-os no rol das 'cláusulas pétreas', não alcança as dimensões de uma absoluta intangibilidade, já que apenas uma abolição (efetiva ou tendencial) se encontra vedada. Também aos direitos fundamentais se aplica a já referida tese da preservação de seu núcleo essencial, razão pela qual até mesmo eventuais restrições, desde que não-invasivas do cerne do direito fundamental, podem ser toleradas. Que tal circunstância apenas pode ser aferida à luz do caso concreto e considerando as peculiaridades de cada direito fundamental parece não causar maior controvérsia. Assim, constata-se, desde logo, que não há como determinar em abstrato, para todos os direitos fundamentais, a amplitude de sua proteção contra reformas constitucionais, destacando-se, ainda, que tal proteção há que ser diferenciada, dependendo do direito fundamental que estiver em causa".

vocável somente em se tratando dos direitos fundamentais a que se refere o art. 5º da CF, em face da utilização da expressão *direitos e garantias individuais* (art. 60, § 4º, IV, da CF), o mesmo raciocínio serve para sustentar que ela alcança todas as garantais fundamentais repressivas, entre elas a ação civil pública, quando esteja a tutelar direitos fundamentais em que ela se mostra adequada para protegê-los.

Parte V

Ação Civil Pública e a separação dos Poderes

1. A teoria da tripartição dos Poderes

1.1. Considerações iniciais

O largo alcance que tem atualmente a ação civil pública faz com que, necessariamente, se investigue até que ponto a atividade jurisdicional nela desenvolvida não implica comprometimento da teoria da separação dos Poderes, acolhida também pela Constituição Brasileira de 1988 como um de seus princípios fundamentais (art. 2º).

Isso implica investigar o alcance e os limites em que se dá a atividade jurisdicional na ação civil pública.

Com efeito, cabe lembrar que, na ação civil pública, não figuram no pólo passivo da relação jurídico-processual somente pessoas físicas ou jurídicas de direito privado, mas, em muitas situações, a União, o Estado-Membro, o Município ou o Distrito Federal. É mais comum ainda ver como demandadas suas autarquias ou empresas públicas.

É evidente que, na ação civil pública em cujo pólo passivo aparece somente uma ou mais pessoas que não sejam integrantes da Administração Pública,[152] não há razão para o nascimento de qualquer preocupação com eventual comprometimento do princípio da separação dos Poderes. Tampouco cabe falar em limitação do alcance da atividade jurisdicional, na medida em que inexiste qualquer óbice de natureza constitucional ou infraconstitucional quando figurar no

---

[152] MEIRELLES, Hely Lopes. *Op. cit.*, p. 64, assim explica o que se entende por Administração Pública: "Em sentido formal, é o conjunto de órgãos instituídos para consecução dos objetivos do Governo; em sentido material, é o conjunto das funções necessárias aos serviços públicos em geral; em acepção operacional, é o desempenho perene e sistemático, legal e técnico, dos serviços próprios do Estado ou por ele assumidos em benefício da coletividade. Numa visão global, a Administração é, pois, todo o aparelhamento do Estado preordenado à realização de serviços, visando à satisfação das necessidades coletivas. A Administração não pratica *atos de governo*; pratica, tão-somente, *atos de execução*, com maior ou menor autonomia funcional, segundo a competência do órgão e de seus agentes".

pólo passivo de uma relação jurídico-processual, envolvendo ação civil pública, pessoa física ou pessoa jurídica de direito privado.

De outro lado, já não se pode dizer o mesmo quando o ocupante do pólo passivo for o Poder Público. Em tal hipótese, é preciso investigar até que ponto o provimento jurisdicional aí prolatado não significa intromissão indevida na esfera de atuação própria e por isso mesmo indevassável dos Poderes Executivo ou Legislativo.

Em razão disso, impõe-se aqui, ainda que sumariamente, fazer uma breve incursão na teoria da separação dos Poderes, analisando seus aspectos mais relevantes, balizas necessárias para melhor situar esta investigação e fixar um diagnóstico, basicamente sob a ótica do Direito Constitucional e Processual que, tanto quanto possível, sirva para projetar soluções aceitáveis, notadamente quando houver necessidade de demandar o Poder Público, quer exigindo-lhe um não-fazer, quer um fazer, especialmente este.

Assim, se de um lado há a preocupação de que o provimento jurisdicional proferido em ação civil pública não comprometa o princípio da separação dos Poderes, de outro, contudo, há a angústia e o anseio generalizados de que a invocação desse princípio fundamental, dogma constitucional antigo, não sirva de fundamento para brecar o acolhimento de pretensões deduzidas em juízo, originadas de omissões desses Poderes, especialmente na implantação de políticas públicas ou na edição de normas infraconstitucionais, necessárias à efetivação de direitos, muitos deles tendo como primeira fonte normativa a própria Constituição Federal.

Com efeito, muitas vezes a sociedade fica perplexa ao presenciar o dilema vivido por magistrados ao apreciar postulações deduzidas em ação civil pública decorrentes de atos comissivos e omissivos (notadamente estes) praticados pelos Poderes Executivo (especialmente este) e Legislativo, v.g.: a) se condenar a Administração Pública a uma obrigação de fazer, isto poderá significar intromissão indevida em área própria e afeta exclusivamente ao domínio e gestão de outro Poder, por isso mesmo revestida de blindagem absoluta, indevassável, sob pena de ser comprometido o princípio da separação dos Poderes; b) de outro lado, até que ponto é cabível aceitar esse dogma constitucional como fundamento para inviabilizar a efetivação de direitos, sejam eles individuais ou metaindividuais, asssegurados no plano constitucional ou infraconstitucional?

Aceitar a primeira alternativa poderá gerar uma crise entre Poderes. Isto ocorrerá quando, v.g., o provimento jurisdicional tiver uma eficácia demasiadamente invasiva, o que poderá redundar no descumprimento desta decisão, e isso, por outro lado, levará o Poder Judiciário a tomar medidas coercitivas para mantê-la.

Acolher a segunda alternativa poderá levar à não-efetivação dos direitos reivindicados em juízo, temporariamente ou definitivamente, uma vez que não se poderá saber, de antemão, se o outro Poder concederá a fruição do direito reclamado em curto espaço de tempo ou se ficará inerte, de forma permanente. Esta é uma decisão que pode ser tida como mais simpática perante os demais Poderes, pois procura evitar o surgimento de eventual desarmonia entre eles, em nome da preservação do princípio da separação e da independência; por outro lado, pode representar o desprestigiamento da atividade jurisdicional, numa demonstração eloqüente de que ela se mostra não-efetiva nesse campo de atuação.

Essas projeções reflexivas, por si sós, estão a mostrar quão espinhoso é trilhar esse caminho investigativo e buscar soluções que, por certo, mesmo que sejam encontradas, não podem trazer a marca da definitividade. Ao contrário, devem retratar, isto sim, esforço acadêmico-doutrinário para possibilitar mais uma tentativa de situar esta temática jurídica, altamente complexa, talvez em uma outra perspectiva, e enveredar por caminhos que propiciem soluções aceitáveis à luz do direito positivo brasileiro.

Esse, rigorosamente, será o propósito aqui buscado.

1.2. Aspectos doutrinários relacionados com a teoria da separação dos Poderes

O acolhimento da teoria da tripartição de Poderes tem razão de ser na constatação, a que se chegou, de que seria altamente nefasto à sociedade as funções governamentais (executivas, legislativas e jurisdicionais) serem exercidas por um único órgão estatal.

Com efeito, a concentração dessas funções governamentais em apenas um órgão poderia levá-lo a exercê-las de forma abusiva e contrária aos interesses da sociedade, como ocorria no período da monarquia absoluta, quando o rei, sabidamente, exercia todas essas funções governamentais, caso típico de concentração de poder que se mostrou inconveniente.

A propósito, observa Manoel Gonçalves Ferreira Filho[153] que "A necessidade de prevenir o arbítrio, ressentida onde quer que haja apontado a consciência das individualidades, leva à limitação

---

[153] FERREIRA FILHO, Manoel Gonçalves. *Op. cit.*, p. 116.

Ação Civil Pública

do poder, de que a divisão do poder é um dos processos técnicos e, historicamente, dos mais eficazes".

A repartição das funções estatais de há muito já vinha sendo apregoada por alguns pensadores, mas eles não chegaram ao ponto de preconizar uma efetiva separação entre elas, atribuindo a órgãos distintos a incumbência de desempenhá-las de forma independente.[154]

São exemplos disso: a) John Locke,[155] ao tratar dos Poderes Legislativo, Executivo e Federativo da comunidade; b) Jean-Jacques Rousseau,[156] ao sustentar que não seria bom que as leis viessem a ser executadas pelo mesmo órgão que as elaborava.

Antes deles, porém, Aristóteles[157] já havia sustentado que existiam em todo governo três Poderes: o Poder Deliberativo, o Poder Executivo e o Poder Judiciário.

Um século depois de Aristóteles, Han Fei veio a propor, na China, uma forma de controle recíproco de competências, evitando, com isso, que o príncipe viesse a ser enganado, conforme revela Thomas Fleiner-Gerster.[158]

Contudo, inegavelmente foi Montesquieu[159] quem conseguiu não somente visualizar diferentes funções estatais, mas plasmar de

---

[154] FERREIRA FILHO, Manoel Gonçalves. *Op. cit.*, p. 117.

[155] LOCKE, John. *Segundo tratado sobre o governo*. Tradução de: Alex Marins. São Paulo: Martin Claret, 2005. p. 106.

[156] ROUSSEAU, Jean-Jacques. *Do contrato social*. Tradução de: Pietro Nassetti. São Paulo: Martin Claret, 2006. p. 71.

[157] ARISTÓTELES. *A política*. Tradução de: Roberto Leal Ferreira. São Paulo: Martins Fontes, 2002. p. 127, a respeito dessas três funções estatais assim se pronuncia: "Em todo governo, existem três poderes essenciais, cada um dos quais o legislador prudente deve acomodar da maneira mais conveniente. Quando estas três partes estão bem acomodadas, necessariamente o governo vai bem, e é das diferenças entre estas partes que provêm as suas. O primeiro destes três poderes [o Poder Deliberativo] é o que delibera sobre os negócios do Estado. O segundo [o Poder Executivo] compreende todas as magistraturas ou poderes constituídos, isto é, aqueles de que o Estado precisa agir, suas atribuições e a maneira de satisfazê-las. O terceiro [o Poder Judiciário] abrange os cargos de jurisdição".

[158] FLEINER-GERSTER, Thomas. *Teoria geral do Estado*. Tradução de: Marlene Holzhausen. São Paulo: Martins Fontes, 2006. p. 476-477, a este respeito preleciona: "A fim de evitar que o príncipe seja enganado pelos seus funcionários, Han Fei propõe um sistema de competências compreendendo um controle recíproco. Para se manter no poder, o príncipe precisa dividir com precisão as competências de seus subordinados e assegurar que eles se controlem uns aos outros. Nenhum deles deve gozar de uma competência superior à dos outros, caso contrário teria muito poder em face do príncipe. Uma vez que, por natureza, os homens são maus, o príncipe não pode dar muita confiança aos seus funcionários. Han Fei foi, pois, o primeiro a tentar estruturar a organização do Estado por meio de medidas institucionais, como a divisão do poder em diversas atribuições; o seu anseio é o de servir ao príncipe e protegê-lo contra os abusos do poder (conferir Geng Wu, p. 82".

[159] MONTESQUIEU, Charles Louis de Secondat, baron de la Brède et de. *O espírito das leis*. Tradução de: Fernando Henrique Cardoso e Leoncio Martins Rodrigues. Brasília: Universidade

forma efetiva a idéia de que, cada uma delas, deveria ser desempenhada por órgãos distintos e independentes, criando assim a clássica Teoria da Separação dos Poderes.

Posteriormente, a separação tripartite de Poderes mereceu acolhimento na Declaração Francesa dos Direitos do Homem (art. 16).

Afora essa Declaração, três importantes constituições, posteriormente à teoria de Montesquieu, consagraram expressamente a separação dos Poderes: a) a Constituição dos Estados Unidos (de 1787); b) a da França (de 1791); e c) a da Bélgica (de 1831), conforme observa Paulo Bonavides.[160]

2. A separação dos Poderes na Constituição Brasileira de 1988

2.1. Considerações iniciais

Cabe, inicialmente, lembrar que todas as constituições brasileiras consagraram a teoria tripartite dos Poderes, exceção feita à Constituição Imperial de 1824, que, mesmo admitindo a divisão e harmonia dos Poderes políticos (art. 9º), os reconheceu como sendo quatro: o Poder Legislativo, o Poder Moderador, o Poder Executivo e o Poder Judicial (art. 10). Mas cabe lembrar que a Constituição de 1937, dado o seu caráter ditatorial e autoritário, não fez menção expressa ao princípio da separação dos Poderes.

O Poder Moderador era exercido privativamente pelo Imperador, na condição de chefe supremo da nação, a quem cabia zelar pela manutenção da independência, equilíbrio e harmonia dos demais Poderes políticos (art. 98).

A primeira Constituição Republicana, a de 24 de fevereiro de 1891, expressamente dispôs que eram considerados órgãos da sobe-

---

de Brasília, 1982. p. 187, sustenta, em síntese, a necessária separação dos poderes da seguinte forma: "Quando na mesma pessoa ou no mesmo corpo de magistratura, o poder legislativo está reunido ao poder executivo, não existe liberdade pois pode-se temer que o mesmo monarca ou o mesmo senado apenas estabeleçam leis tirânicas para executá-las tiranicamente. Não haverá também liberdade se o poder de julgar não estiver separado do poder legislativo e do executivo. Se estivesse ligado ao poder legislativo, o poder sobre a vida e a liberdade dos cidadãos seria arbitrário, pois o juiz seria legislador. Se estivesse ligado ao poder executivo, o juiz poderia ter a força de um opressor. Tudo estaria perdido se o mesmo homem ou mesmo corpo dos principais, ou dos nobres, ou do povo, exercesse esses três poderes: o de fazer leis, o de executar as resoluções públicas, e o de julgar os crimes ou as divergências dos indivíduos".

[160] BONAVIDES, Paulo. *Op. cit.*, p. 508.

Ação Civil Pública

rania nacional o Poder Legislativo, o Executivo e o Judiciário, que deveriam ser harmônicos e independentes entre si (art. 15).

A segunda Constituição da República Federativa do Brasil, de 16 de julho de 1934, ao tratar da Organização Federal, igualmente consagrou a tripartição dos Poderes, ao dispor que "São órgãos da soberania nacional, dentro dos limites constitucionais, os Poderes Legislativo, Executivo e Judiciário, independentes e coordenados entre si" (art. 3º). Por aí se vê que a expressão *harmônicos* foi substituída por *coordenados*.

A Constituição Brasileira de 1937, a terceira da República, conhecida como Carta Outorgada, de 10 de novembro de 1937, dada a sua origem autoritária, não reproduziu expressamente a tradicional cláusula constitucional da tripartição do Poder estatal, com a menção de que eles deveriam ser harmônicos e independentes entre si. A repartição dos Poderes é admitida, mas não de forma expressa. Basta verificar que não há nenhum título, capítulo ou seção tratando expressamente do Poder Executivo, com esta terminologia. Há, isto sim, menção expressa ao Poder Legislativo, antes de iniciar o art. 38, que, afora outros, dispõe sobre ele, mas estranhamente é exercido com a colaboração do Conselho da Economia Nacional e do Presidente da República. O Poder Judiciário, por sua vez, é disciplinado a partir do art. 90, que trata dos seus órgãos, até o art. 113.

A quarta Constituição Republicana, de 18 de setembro de 1946, voltou a consagrar a repartição tripartite dos Poderes, de forma expressa, ao dizer que "São Poderes da União o Legislativo, o Executivo e o Judiciário, independentes e harmônicos entre si" (art. 36).

Posteriormente, sobreveio a quinta Constituição Republicana, de 24 de janeiro de 1967, durante o chamado período revolucionário, a qual, inobstante este aspecto, também expressamente dispôs que "São Poderes da União, independentes e harmônicos, o Legislativo, o Executivo e o Judiciário" (art. 6º), disposição inserida no seu Título I, que tratava da Organização Nacional.

Antes de falar na atual Constituição Brasileira, cabe referir que deixa de ser citada aqui a *Constituição de 1969*, pois a rigor não se caracterizou como uma verdadeira nova Carta Magna, mas, sim, como uma grande *emenda* à Constituição de 1967, notadamente porque esta não foi substituída por aquela.[161]

Por fim, a sexta Constituição Republicana, de 05 de outubro de 1988, a chamada *Constituição-Cidadã* – assim denominada por

---

[161] MALUF, Sahid. *Direito Constitucional.* 11. ed. São Paulo: Sugestões Literárias, 1979. p. 35, assim se manifesta: "A Emenda nº 1, de 1969, tem sido objeto de controvérsias doutrinárias no tocante à sua conceituação como *emenda* ou nova *Constituição*".

Ulyssses Guimarães, Presidente da Assembléia Nacional Constituinte –, no seu Título I, ao tratar Dos Princípios Fundamentais, expressamente reconheceu a tripartição dos Poderes, ao dispor que "São Poderes da União, independentes e harmônicos entre si, o Legislativo, o Executivo e o Judiciário" (art. 2º).

Por aí se vê que a Constituição Brasileira de 1988 adotou a repartição dos Poderes como princípio fundamental, o que se justifica plenamente, dado que a República Federativa do Brasil se constitui em Estado Democrático de Direito (art. 1º, *caput*), o qual só se realiza verdadeiramente com a harmonia e independência dos três Poderes estatais.

Afora isso, cabe ainda salientar que o *princípio da separação dos Poderes*, dada a relevante importância que lhe conferiu o legislador constituinte, foi erigido à condição de cláusula pétrea, o que torna inviável sua abolição por meio de emenda constitucional (art. 60, § 4º, III).

Em razão desse panorama normativo, visualizado desde a primeira Constituição até a atual, torna-se compreensível a assertiva feita por Paulo Bonavides,[162] no sentido de que "Nenhum princípio de nosso constitucionalismo excede em ancianidade e solidez o princípio da separação de Poderes".

2.2. Da independência e harmonia dos Poderes como princípio fundamental

2.2.1. Conceito de princípio

Não se pretende aqui fazer um exame aprofundado do que seja princípio, tampouco enveredar por análise exaustiva, que leve à distinção pormenorizada entre regras e princípios, sob pena de desvirtuamento da temática central deste estudo.

Contudo, cabe salientar alguns aspectos essenciais a respeito do que se entende por princípio, distinguindo-o das regras.

Depois de acentuar que os princípios são normas de caráter finalístico, preleciona Humberto Ávila:[163]

"As regras podem ser dissociadas dos princípios quanto ao modo como prescrevem o comportamento. As regras são normas imediatamente descritivas, na medida em que estabelecem

---

[162] BONAVIDES, Paulo. *Op. cit.*, p. 508.
[163] ÁVILA, Humberto. *Teoria dos princípios da definição à aplicação dos princípios jurídicos*. 5. ed. São Paulo: Malheiros, 2006. p. 167-168.

Ação Civil Pública

obrigações, permissões e proibições mediante a descrição da conduta a ser cumprida. Os princípios são normas imediatamente finalísticas, já que estabelecem um estado de coisas cuja promoção gradual depende dos efeitos decorrentes da adoção de comportamentos a ela necessários. Os princípios são normas cuja qualidade frontal é, justamente, a determinação da realização de um fim juridicamente relevante, ao passo que a característica dianteira das regras é a previsão de comportamento."

Sustenta Paulo Bonavides[164] que "Os princípios, uma vez constitucionalizados, se fazem a chave de todo o sistema normativo".

De outro lado, Canotilho[165] considera que as regras e os princípios são espécies de normas, ao apregoar que "[...] as normas do sistema tanto podem revelar-se sob a forma de *princípios* como sob a sua forma de *regras*".

Pondera ainda Canotilho[166] que a distinção entre regras e princípios é complexa. Contudo, sugere alguns critérios para distingui-las.

O primeiro deles envolve o *grau de abstração*. Considera que os *princípios* seriam normas que possuem um grau de abstração de certa forma elevado, enquanto as regras teriam também um grau de abstração, porém mais reduzido.

O segundo diz respeito ao *grau de determinabilidade* no aplicar os princípios e as regras a um determinado caso. Os princípios, em razão de serem normas de conteúdo vago e indeterminado, não têm aplicação imediata, pois, para que isso ocorra, têm de passar pelo crivo do legislador ou do juiz; as regras, ao contrário, têm aplicação imediata, direta.

O terceiro critério distintivo tem a ver com o *caráter de fundamentalidade*, no que se refere ao sistema das fontes de direito, ou seja, os princípios são considerados normas de caráter estruturante, ou que ostentam uma posição essencial no ordenamento jurídico, em razão da sua hierarquia, levando em conta o sistema normativo, o que não ocorre em relação às regras.

A quarta distinção considera *a proximidade da idéia de direito*. Os princípios seriam modelos (*standards*) "[...] juridicamente vinculantes radicados nas exigências de justiça (Dworkin) ou na idéia de direito (Larenz)", enquanto as regras seriam normas vinculativas, porém teriam um conteúdo estritamente funcional.

---

[164] BONAVIDES, Paulo. *Op. cit.*, p. 231.

[165] CANOTILHO, José Joaquim Gomes. *Op. cit.*, p. 1159.

[166] *Ibidem*, p. 1160.

Por fim, haveria ainda um último critério distintivo, o que diz respeito à *natureza normogenética*, ou seja, "[...] os princípios são fundamento de regras, isto é, são normas que estão na base ou constituem a *ratio* de regras jurídicas, desempenhando, por isso, uma função normogenética fundamentante", segundo apregoa Canotilho.[167]

2.2.2. Conceito de princípio fundamental

Estabelecido o alcance semântico do vocábulo *princípio*, cabe agora avançar para definir, tanto quanto possível, o que se entende por *princípio fundamental*.

Assim, por princípio fundamental deve-se entender aquela norma de caráter finalístico, que serve de diretriz essencial na aplicação das regras. Caso contrário, não funcionará como *a chave de todo o sistema normativo*.

Ao referir-se ao Título I da Constituição Federal, que trata dos princípios constitucionais, José Afonso da Silva,[168] reportando-se a Celso Antônio Bandeira de Mello, considera que o vocábulo *princípio* aí inserido tem o significado de "[...] mandamento nuclear de um sistema".

Ao tratar dos princípios jurídicos fundamentais, preleciona Canotilho[169] que "Consideram-se princípios jurídicos fundamentais os princípios historicamente objectivados e progressivamente introduzidos na consciência jurídica e que encontram uma recepção expressa ou implícita no texto constitucional".

2.2.3. Idéia do que seja independência

Em razão de o art. 2º da Constituição Federal dizer que os Poderes devem ser independentes, surge a indagação: o que significa essa independência?[170]

---

[167] CANOTILHO, José Joaquim Gomes. *Op. cit.*, p. 1161.

[168] SILVA, José Afonso da. *Curso de Direito Constitucional Positivo. Op. cit.*, p. 93.

[169] CANOTILHO, José Joaquim Gomes. *Op. cit.*, p. 1165.

[170] FERRAZ, Anna Cândida da Cunha. *Conflito entre poderes:* o poder congressual de sustar atos normativos do poder executivo. São Paulo: Revista dos Tribunais, 1994. p. 19, assim se manifesta a respeito da independência: "A independência entre os poderes concretiza-se por intermédio de uma formação independente (cada ramo de poder se estabelece sem interferência do outro ramo, por exemplo, mediante eleições próprias e independentes), de uma *organização e estruturação interna básica* independente, de um mínimo de *competências próprias* e exclusivas ou privativas, de condições que permitam atuação e *funcionamento* independentes ou autônomos, e de *discricionariedade* no uso de suas faculdades próprias (escolha de meios

Independência significa que os Poderes, no exercício das funções que lhes cabe desempenhar constitucionalmente – executiva , legislativa ou jurisdicional – , o fazem sem a necessidade de consultar os demais. Possui assim cada Poder total liberdade de exercer suas funções sem que esteja obrigado legalmente a consultar os demais para tanto.

Assim, tais funções são exercidas sem que haja necessidade da anuência dos demais Poderes para que elas possam ser consideradas válidas e surtir a necessária eficácia nos limites do ato praticado, isto é, v.g., o Legislativo, ao apreciar um projeto de lei encaminhado pelo Poder Executivo ou pelo Poder Judiciário, não precisa consultar esses para aprová-lo ou rejeitá-lo; da mesma forma o Poder Executivo, ao sancionar um projeto de lei, não é obrigado a consultar o Legislativo ou o Judiciário para isso; e, ainda, o Judiciário, ao julgar um determinado caso, não necessita aconselhar-se com os demais Poderes sobre quando e como decidir; tampouco se admite que qualquer um deles possa interferir nessa decisão.[171] Caso contrário, não haverá independência.

A esse respeito, preleciona Paulo Salvador Frontini[172] que "O atributo de independência do Poder significa que, em seu âmbito de atuação, cabe-lhe tomar deliberações que entende adequadas, segundo critério próprio, cuja apreciação é vedada aos demais Poderes".

Contudo, conforme observa Cretella Júnior,[173] essa *independência é relativa*, na medida em que, v.g., se o Poder Executivo vem a editar um ato ilegal, ele poderá ser declarado nulo pelo Poder Judiciário; se o Poder Legislativo aprova um projeto de lei, este poderá ser vetado pelo Executivo; se o Poder Judiciário encaminha um projeto de lei, este poderá ser rejeitado pelo Poder Legislativo; e, se aprovado, ainda poderá ser vetado pelo Poder Executivo.

---

e definição de oportunidade de ação, sem interferência ou imposição de outro poder, com o limite ditado tão-somente pela Constituição)".

[171] Pleno do Supremo Tribunal Federal, *Habeas Corpus* nº 86.581-0 Distrito Federal. Relatora: Min. Ellen Gracie, Julgado em 23 de fevereiro de 2006. Disponível em: http://www.stf.gov. br. Acesso em: 26 dez. 2006, aresto assim ementado: "O acerto ou desacerto da concessão de liminar em mandado de segurança, por traduzir ato jurisdicional, não pode ser examinado no âmbito do Legislativo, diante do princípio da separação de poderes. O próprio Regimento Interno do Senado não admite CPI sobre matéria pertinente às atribuições do Poder Judiciário (art. l46, II)".

[172] FRONTINI, Paulo Salvador. Ação civil pública e separação dos poderes do Estado. *In*: MILARÉ, Édis (Coord.). *Ação civil pública* – Lei 7.347/85 – 15 anos. São Paulo: Revista dos Tribunais, 2001. p. 697.

[173] CRETELLA JÚNIOR, José. *Comentários à Constituição brasileira de 1988*. Rio de Janeiro: Forense Universitária, 1988. v. 1. p. 152-153.

Em razão disso, salienta Pinto Ferreira[174] que "[...] não se admite nenhuma separação absoluta de poderes, pois sempre ocorrem interferências recíprocas".

Esse controle que um Poder exerce sobre os demais é o que se denomina de freios e contrapresos, conhecido como *checks and balances*, expressão vinda do direito norte-americano, mediante o qual o Poder se encarrega de conter o Poder, o que é importante para manter o equilíbrio entre as diferentes forças políticas.

É em obediência ao sistema de freios e contrapesos que, v.g., o Presidente da República veta um projeto de lei (art. 84, V, da CF); o Congresso Nacional susta atos normativos do Poder Executivo (art. 49, V, da CF); e o Poder Judiciário pode declarar inconstitucional uma lei (art. 102, I, *a*, da CF).

2.2.4. Idéia do que seja harmonia

A Constituição Federal também estabelece que os Poderes devem ser harmônicos (art. 2°).

Isso significa que cada um deles, no desempenho de suas funções constitucionais, deve respeitar as dos outros, sem interferir nelas indevidamente, a não ser nos casos expressamente previstos na Constituição, em obediência ao sistema de freios e contrapesos.

Ao analisar o art. 2° da Constituição brasileira, José Cretella Júnior[175] diz que haverá harmonia quando os Poderes, no desempenho das suas funções, não vierem a conflitar entre si; salienta, ainda, que "A harmonia dos Poderes é imprescindível para o bom funcionamento do Estado".

3. Da observância da separação dos Poderes

3.1. Da não-ingerência da atividade jurisdicional em temas de blindagem absoluta

Se é verdade que, na maioria dos casos, a atividade jurisdicional poderá ser exercida frente aos demais Poderes, sem que isto signifique quebra e harmonia entre eles, deve-se convir, no entanto,

---

[174] FERREIRA, Pinto. *Comentários à Constituição brasileira*. São Paulo: Saraiva, 1989. v. 1. p. 41.
[175] CRETELLA JÚNIOR, José. *Op. cit.*, p. 158.

Ação Civil Pública

que existem situações em que essa atividade não poderá ocorrer, sob pena de infringência ao princípio fundamental da separação dos Poderes (art. 2º da CF).

Isso se dá em temas onde há *blindagem absoluta*, ou seja, a atividade exercida por um e outro lhe é tão própria, tão reservada, que a interferência de qualquer Poder sobre o outro implica quebra do princípio da independência, levando à desarmonia entre eles, comprometendo, por conseguinte, esse princípio fundamental da separação, que deve ser observado. Do contrário, ficará comprometido também o próprio Estado Democrático de Direito[176] (art. 1º da CF), que não tolera interferência indevida de um Poder sobre o outro, a não ser nos casos previstos pela própria Carta Magna.

Assim, não obstante o largo alcance que tem atualmente a ação civil pública, cabe considerar que há casos em que a atividade jurisdicional não poderá ser nela exercida, com o enfrentamento do mérito da causa, sob pena de o Poder Judiciário interferir, indevidamente, na esfera de atuação reservada a outro Poder, considerada indevassável.

Em razão disso, impõe-se agora uma investigação mais detalhada dessas situações, sem a pretensão de esgotá-las, mas de exemplificá-las, tanto quanto possível.

3.1.1. No Poder Executivo

A atividade jurisdicional não poderá assim ser exercida em ação civil pública para, ainda que a pretexto de um projeto de lei ser lesivo ao patrimônio social ou ferir interesses difusos ou coletivos, impedir que o Poder Executivo inicie o processo legislativo a este respeito, pois lhe compete, privativamente, tal atribuição (art. 84, III, da CF).

É igualmente inadmissível que a atividade jurisdicional venha a ocorrer em ação civil pública para impedir que um projeto seja sancionado, sob o fundamento de que ele ofende o patrimônio público, uma vez que esta atribuição diz respeito à esfera privativa e reservada ao Poder Executivo (art. 84, IV, da CF), insuscetível assim de controle judicial.

---

[176] STRECK, Lenio Luiz. *Jurisdição Constitucional e hermenêutica jurídica: uma nova crítica do direito*. 2. ed. Rio de Janeiro: Forense, 2004, p. 16, salienta um outro enfoque do Estado Democrático de Direito, ao dizer que é aquele "[...] *em que o Direito deve ser visto como instrumento de transformação social*".

3.1.2. No *Poder Legislativo*

Cabendo ao Poder Legislativo, basicamente, a função de dar início ao processo legislativo e de aprovar ou rejeitar projetos de lei que lhe forem encaminhados, descabe ao Poder Judiciário emitir provimento, em ação civil pública, para tentar impedir a votação ou de qualquer forma interferir na atividade legislativa, ainda que esses futuros diplomas legais possam ofender interesses tutelados por essa ação.

Com efeito, pudesse o Poder Judiciário emitir comando no sentido de brecar projetos de lei sob esse pretexto, o princípio da separação dos Poderes estaria irremediavelmente comprometido, considerando que tal deliberação é privativa do Poder Legislativo, não podendo este ser impedido de decidir a este respeito.

Cabe lembrar, contudo, que se tem admitido a ingerência da atividade jurisdicional no processo legislativo, em caráter excepcional, mas no caso de violação de norma constitucional, porém não mediante da ação civil pública, mas por meio de mandado de segurança.[177]

3.2. Da ingerência da atividade jurisdicional em temas de blindagem relativa

3.2.1. No *Poder Executivo*

3.2.1.1. *Considerações iniciais*

A situação mais delicada vivida por magistrados, no âmbito da ação civil pública, provavelmente resida em provimentos envolvendo condenação a uma obrigação de fazer.[178]

---

[177] Pleno do Supremo Tribunal Federal, MS-AgR n° 24.667 Distrito Federal. Relator: Min. Carlos Velloso. Julgado em 04 de dezembro de 2003. Disponível em: http://www.stf.gov.br. Acesso em: 26 dez. 2006, com aresto assim ementado: "CONSTITUCIONAL. PODER LEGISLATIVO: ATOS: CONTROLE JUDICIAL. MANDADO DE SEGURANÇA. PARLAMENTARES. I. – O Supremo Tribunal Federal admite a legitimidade do parlamentar – e somente do parlamentar – para impetrar mandado de segurança com a finalidade de coibir atos praticados no processo de aprovação de lei ou emenda constitucional incompatíveis com disposições constitucionais que disciplinam o processo legislativo. II. – Precedentes do STF: MS 20.257/ DF, Ministro Moreira Alves (leading case) (RTJ 99/1031); MS 20.452/DF, Ministro Aldir Passarinho (RTJ 116/47); MS 21.642/DF, Ministro Celso de Mello (RDA 191/200); MS 24.645/DF, Ministro Celso de Mello, "D.J." de 15.9.2003; MS 24.593/DF, Ministro Maurício Corrêa, "D.J." de 08.8.2003; MS 24.576/DF, Ministra Ellen Gracie, D.J. de 12.9.2003; MS 24.356/DF, Ministro Carlos Velloso, D.J. de 12.9.2003. III. – Agravo não provido".

[178] BARROSO, Luís Roberto. *O Direito Constitucional e a efetividade de suas normas* – limites e possibilidades da Constituição brasileira. 8. ed. Rio de Janeiro: Renovar, 2006. p. 220, enfrenta esta questão da seguinte forma: "O sucesso institucional da ação civil pública na tutela dos

Ninguém ignora o fato de que são admissíveis provimentos de natureza declaratória, constitutiva e condenatória no âmbito da ação civil pública, e ainda de caráter mandamental. Para isso, basta simplesmente ter em mente o extenso rol de ações civis públicas referidas no capítulo I, item n° 5, deste trabalho, para projetar a possibilidade de ocorrência de todos esses tipos de provimentos.

Nessa linha de entendimento, ao assinalar que poderão ocorrer provimentos das mais variadas naturezas em ação civil pública, dependendo da pretensão nela veiculada, é a posição de Luís Roberto Barroso.[179]

Contudo, quando se trata de condenar o Poder Público, quer seja a União, os Estados ou Municípios, a uma obrigação de fazer, v.g., a conceder medicamentos a pessoas que deles necessitam, a reservar vagas em escolas para alunos que não conseguiram matrícula, a construir diques em locais onde há grandes inundações, com prejuízo ao meio ambiente e ao lazer das pessoas, sempre surge a alegação de que a atividade jurisdicional em tais situações é incabível, pois significaria intromissão indevida do Poder Judiciário em área restrita ao âmbito de deliberação exclusiva do Poder Executivo.

Logo, ingerência judiciária nesse campo importaria quebra do princípio da separação dos Poderes (art. 2° da CF).

A este respeito, sustenta José dos Santos Carvalho Filho[180] ser incabível ingerência genérica da atividade jurisdicional no âmbito

---

interesses metaindividuais tem forçado a fronteira tradicional que separa a função judicial do espaço reservado à atuação própria do Poder Executivo. Sobretudo no tocante às condenações em obrigação de fazer, a jurisprudência predominante tem resguardado, como discricionária, a competência da Administração Pública para eleger, por seus próprios critérios de conveniência e oportunidade, as obras prioritárias a serem realizadas e as necessidades a serem atendidas".

[179] BARROSO, Luís Roberto. *Op. cit.*, p. 231, assim diz: "De acordo com a pretensão deduzida na ação civil pública, será de conteúdo diverso a decisão a ser proferida. Pode-se ter um provimento de natureza *declaratória*, como por exemplo na hipótese de se pleitear a *declaração de nulidade* de um ato de tombamento, ou ainda de cláusulas contratuais que não assegurem o justo equilíbrio entre direitos e obrigações das partes contratantes (Código de Defesa do Consumidor, art. 51, § 4°). São também admissíveis decisões de conteúdo *constitutivo*, como, v.g., a que invalidar um ajuste entre órgão estatal e empresa poluidora do meio ambiente, ou um ato lesivo ao patrimônio público ou à moralidade administrativa (Lei 8.625/93, art. 25, IV, *b*, *initio*). A maior parte das decisões, no entanto terá natureza condenatória. Como já visto, há a possibilidade de se demandar a *condenação* do réu a prestação pecuniária, ou a obrigação de fazer ou não fazer (Lei 7.347/85, art. 3°), sem que a alternatividade impeça a cumulação dos pedidos de prestar ou não algum fato e de indenizar em certa quantia em dinheiro".

[180] CARVALHO FILHO, José dos Santos. *Op. cit.*, p. 80-81, assim exemplifica as situações de cabimento e incabimento de ingerência da atividade jurisdicional na órbita afeta ao Poder Executivo: "Assim, é possível juridicamente que o autor da ação civil pública pleiteie seja o Município obrigado a efetuar reparos em certa sala de aula, em virtude de situação degenerativa que venha provocando ameaça à integridade física ou mesmo à vida dos alunos que diuturnamente nela permaneçam. Já não teria possibilidade jurídica o objeto que pretendesse

da Administração Pública, pois com isso o Poder Judiciário estaria usurpando, indevidamente, do Poder Executivo, funções administrativas afetas a este e não àquele, com ofensa ao princípio da separação dos Poderes; de outro lado, seria possível provimento jurisdicional invasivo na esfera do Poder Executivo quando o objeto fosse concreto e o interesse a ser tutelado bem definido.

De outro lado, mesmo aqueles que admitem a ingerência do Poder Judiciário em tais situações, fazem-no com restrições, invocando a *cláusula da reserva do possível*,[181] considerando a repercussão dos provimentos jurisdicionais ao dirimir conflitos estabelecidos entre particulares (ou a sociedade em seu todo) e o Poder Público no plano orçamentário da Administração Pública.

Há ainda a considerar até que ponto é admissível, ou não, o Poder Judiciário intrometer-se na *análise de políticas públicas* – espaço próprio de atuação, basicamente, do Poder Executivo[182] – como pressuposto investigativo necessário para conceder direitos assegurados constitucionalmente.

Impende ainda observar que a maciça gama de conflitos que chegam ao Poder Judiciário, envolvendo particulares e a Administração Pública, caracterizados por uma obrigação de fazer, objetivam, muitas vezes, a efetivação dos direitos fundamentais de 2ª dimensão, que implicam prestações positivas por parte do Estado. E, quando este não as realiza, há o exercício de um direito público subjetivo do particular frente ao Estado, objetivando tornar efetivo esses direitos, o que se dá não somente por meio de ação ajuizada pelo próprio indivíduo, mas também por meio de ação civil pública,

---

que um Estado fosse condenado a cumprir, genérica e indiscriminadamente, a obrigação de dar segurança pública a todos os cidadãos. Na primeira hipótese, o objeto é concreto e o interesse sob tutela é plenamente definido, ainda que não se possa identificar com precisão todos os seus titulares. Na última, ao contrário, a sentença, se acolhesse o pedido, estaria obviamente invadindo o poder de gestão da Administração, sabido que os serviços públicos coletivos reclamam vários requisitos, como recursos orçamentários, atendimento a planos de prioridade administrativa, criação de cargos públicos, realização de concursos, etc.".

[181] 7ª Câmara Cível do Tribunal de Justiça do Rio Grande do Sul. Reexame Necessário nº 70014912018. Rel. Des. Ricardo Raupp. Julgado em 19 de julho de 2006. Disponível em: http://www.tj.rs.gov.br. Acesso em 18 dez. 2006. No seu voto, no que aqui interessa, destaca o relator: "Tendo em vista a exigüidade das verbas públicas destinadas à saúde, notadamente insuficientes ao atendimento de todos os necessitados, devem estas ser utilizadas de maneira racional, procurando-se sempre atender o maior número de pessoas possível, bem assim como priorizando-se o atendimento daqueles que podem apresentar uma melhor resposta aos tratamentos".

[182] KRELL, Andreas J. *Direitos sociais e controle judicial no Brasil e na Alemanha*: os (des) caminhos de um Direito Constitucional "comparado". Porto Alegre: Sergio Antonio Fabris, 2002. p. 99, sustenta que "O Poder Executivo, por sua vez, não somente *executa* as normas legislativas sobre direitos sociais. Ele cria as próprias políticas (*policies*) e os programas necessários para a realização dos ordenamentos legais".

veiculando uma pretensão unicamente individual (o que é possível, pois se trata de direito individual indisponível, na medida em que o titular do direito lesado está num plano inferior, enquanto o Estado se encontra no superior, o que caracteriza o chamado efeito vertical dos direitos fundamentais e dada a sua relevância para o ser humano), ou uma pretensão de dimensão coletiva *lato sensu*, pois várias são as pessoas lesadas por esse não fazer.

Mas há se reconhecer, igualmente, que existem várias ações civis públicas, tendo como objeto obrigações de não fazer, voltadas à efetivação de direitos fundamentais de 3ª dimensão, relacionadas, v.g., com a preservação do meio ambiente.

O primeiro argumento que normalmente é utilizado em demandas judiciais, quer envolvendo direitos individuais indisponíveis, quer interesses coletivos *lato sensu*, é o de que condenar a Administração Pública a uma obrigação de fazer significaria comprometer o princípio da separação dos Poderes.

Isso, contudo, não corresponde rigorosamente à verdade.

Não é pelo fato de uma ação civil implicar uma obrigar de fazer que poderia ser comprometido o princípio da separação dos Poderes. Basta verificar, v.g., que, havendo lei determinando que a Administração Pública está obrigada a uma determinada prestação em favor de uma coletividade, e não o faz, para, em razão desse dever, nascer o direito público subjetivo de exigir dela esse agir positivo.

Na verdade, o que rigorosamente poderia comprometer o princípio da separação dos Poderes seria exigir da Administração Pública o cumprimento de obrigações de fazer que implicassem adentrar espaço reservado à deliberação exclusiva do Poder Executivo, qual seja, critérios nucleares que envolvem a discricionariedade inerente à atividade administrativa. Nesta situação, sim, poder-se-ia admitir a indevida ingerência de um Poder (Judiciário) no outro (Executivo); neste caso, estaria aquele determinando a este que praticasse um ato inadmissível de praticar, em virtude de o ato a ser praticado situar-se nessa faixa não-invasiva da atividade jurisdicional, considerando que ela é de exclusiva deliberação do Poder Executivo.

A grande dificuldade, e quiçá a tarefa mais difícil, é identificar essa faixa não-invasiva.

Com efeito, estando as obrigações de fazer muitas vezes vinculadas a critérios de conveniência e oportunidade, submetidas assim à discricionariedade[183] do administrador, quer no que se refere ao

---

[183] MELLO, Celso Antônio Bandeira de. *Discricionariedade e controle jurisdicional*. 2. ed. São Paulo: Malheiros, 2000. p. 48, assim se pronuncia sobre o conceito de discricionariedade: "Dis-

momento adequado para realizá-las, quer no que respeita ao meio a ser utilizado para implementar os direitos, isso poderia significar que o Poder Judiciário, para assegurá-los, teria necessariamente de fazer um juízo de avaliação, que refugiria da sua atividade jurisdicional típica, para incursionar em temática própria de outro Poder, o Executivo, e, por isso, a ele reservada.

Em tal situação, o Poder Judiciário, ao desenvolver atividade que lhe é própria e reservada, a jurisdicional, teria necessariamente de exercer também atividade administrativa, o que seria incabível.

Contudo, essa preocupação não tem razão de ser em termos absolutos.

Em primeiro lugar, porque pensar que o Poder Judiciário não possa, v.g., tornar efetivos direitos de 2º dimensão, porque de natureza prestacional, pois isto demandaria examinar aspectos de conveniência e oportunidade, não tem razão de ser, especialmente considerando que isso implicaria, na prática, dar um tratamento inferior a esses direitos em relação aos demais. De outro lado, significaria uma atitude muito cômoda do Poder Judiciário adotar tal pretexto para lavar as mãos e contribuir dessa forma para a não-efetivação de tais direitos, o que é inaceitável.

Em segundo lugar, porque ao Poder Judiciário, cada vez mais, está reservado um papel que não se circunscreve à órbita tradicional da atividade jurisdicional, podendo e devendo, em muitas ocasiões, para tornar efetivos direitos, realizar uma cognição invasiva na esfera administrativa, conforme já observou Juarez Freitas.[184]

A propósito, cabe lembrar que a Sociologia já vem constatando o incremento da atividade jurisdicional em temáticas que anteriormente a ela não eram submetidas, pois ficavam restritas ao espaço

---

cricionariedade, portanto, é a margem de liberdade que remanesça ao administrador para eleger, segundo critérios consistentes de razoabilidade, um, dentre pelo menos dois comportamentos cabíveis, perante cada caso concreto, a fim de cumprir o dever de adotar a solução mais adequada à satisfação da finalidade legal, quando, por força da fluidez das expressões da lei ou da liberdade conferida no mandamento, dela não se possa extrair objetivamente, uma solução unívoca para a situação vertente".

[184] FREITAS, Juarez. *Op. cit.*, p. 66, a este respeito assim diz: "Observa-se louvável ampliação do controle judicial dos atos e contratos administrativos, sobremaneira com o incremento da participação do Ministério Público na defesa dos interesses indisponíveis, além da ação popular (CF, art. 5º, LXXIII), da ação civil pública (CF, art. 129, III, e Lei n. 7.347/1985, da defesa do consumidor de serviços públicos (CF, art. 170, e Lei n. 9.078/1980, art. 22) e da ação civil de improbidade administrativa (CF, art. 37, § 4º e Lei n. 8.429/1992), entre outros instrumentos que robustecem a convicção de que há meios processuais disponíveis para que os princípios regentes das relações administrativas sejam acatados como fontes materiais e vinculantes sem invasão usurpatória do mérito administrativo. Não deve haver insistência no papel secundário de outrora no âmbito do controle jurisdicional: *o controle do demérito do ato administrativo será sempre admissível"*.

Ação Civil Pública

político, predominante afeto aos Poderes Legislativo e Executivo. É o que se denomina de processo de *juridicização* ou *judiciabilidade* de temáticas tradicionalmente afetas a esses outros Poderes. Exemplo disso é a observação, feita pelo sociólogo Raúl Enrique Rojo,[185] no sentido de que "La justicia se ha convertido en la nueva destinataria de las demandas de orientación de una sociedad que parece haber perdido otras referencias".

A atividade jurisdicional assim desenvolvida não implica quebra do princípio da separação dos Poderes.

O fato de a Constituição Federal ter consagrado o princípio da inafastabilidade da jurisdição, ao dizer que "a lei não excluirá da apreciação do Poder Judiciário lesão ou ameaça a direito" (art. 5º, XXXV), significa que este Poder está autorizado a avaliar todos os direitos reconhecidos, quer em nível constitucional, quer infraconstitucional, sob pena de um agir inconstitucional frente àqueles e ilegal frente a estes.

A despeito disso, contudo, tem-se de reconhecer que há um núcleo dessa área tradicionalmente afeta a outro poder em que a atividade jurisdicional não pode ocorrer, sob pena de afronta ao princípio da separação dos Poderes (art. 2º da CF).

Trata-se, contudo, de um espaço nuclear muito pequeno, que não é fácil estabelecer com precisão aritmética.

De um lado, porque a demarcação desse espaço, aceitável como invasivo da atividade jurisdicional, se for excessivamente restrito, poderá representar comprometimento do princípio da inafastabilidade da jurisdição (art. 5º, XXXV, da CF); de outro, se alargado em demasia, poderá implicar quebra do princípio da separação dos Poderes (art. 2º da CF).

Essa preocupação jurídico-constitucional está a demonstrar quão delicado se torna este trabalho investigativo.

Isso, todavia, não deve servir de desestímulo, mas de alento qualificado, pois, quanto mais desafiadora a tarefa imposta ao ser

---

[185] ROJO, Raúl Enrique. La justicia en democracia. *Revista Sociologias*, Porto Alegre, n. 3, p. 96, jan./jun. 2000. Salienta ainda este autor: "La justicia parece ser convocada al mismo tiempo como un medio de cumplir la promesa democrática y como una forma de retardar la que se nos presenta como su concreción 'real', como se presintiésemos que la 'democracia de mercado' (que de ella estamos hablando) pudiera traer consigo el germen de la disolución de la 'democracia a secas'; que su costo social podría resultar exorbitante, que la ficción de la igualdad absoluta de agentes que maximizan resultados tiene algo de insoportable, y que la libertad radical del *homo oeconomicus* parece algo inhumano. La desaparición de la autoridad, fruto de la abdicación simultánea del Estado, de la tradición y las costumbres, nos arrasta en su vertiginoso vacuo".

humano, mais gratificante e significativa se torna a sua missão, o que o faz prosseguir com entusiasmo erigido em expoente máximo.

Por fim, cabe aqui referir ainda que, em se tratando de ação civil pública envolvendo uma obrigação de fazer, a regência normativa a ser seguida é aquela a que se refere o art. 461 do CPC, a não ser que uma das modalidades de ações civis públicas, referidas no capítulo I, item 5, deste trabalho, disponha de forma diversa, pois, neste caso, a regra especial prevalece frente à geral, sendo esta a do Código de Processo Civil.

A propósito, cabe lembrar que a *ação civil pública matriz* (Lei nº 7.347/85), depois de admitir expressamente, em seu art. 3º, que ela poderá ter como objeto não somente condenação em dinheiro, mas também o cumprimento de obrigação de fazer ou não fazer, sem, no entanto, esmiuçar como deve ser feito esse cumprimento, no seu art. 19 dispôs que se aplica a esta ação civil pública o Código de Processo Civil, naquilo que não contrariar suas disposições.

Isso significa que, sendo o Código de Processo Civil norma processual geral, será ele aplicado a toda e qualquer ação civil pública, ressalvados os casos em que esta tiver normas de regência contrárias àquele, pois, nesta hipótese, sabidamente, a regra especial prevalece sobre a geral, conforme acima exposto.

Ao discorrerem sobre as obrigações de fazer e não fazer, a que se refere o art. 461 do CPC, Nelson Nery Junior e Rosa Maria de Andrade Nery[186] sustentam que a natureza jurídica desta ação é *condenatória com caráter inibitório;*[187] aduzem, ainda, que ela tem *eficácia executivo-mandamental.*[188]

Ao tratar das obrigações de fazer, José dos Santos Carvalho Filho,[189] depois de salientar que elas exigem do devedor uma conduta positiva, salienta que "A sentença que julga procedente a ação reconhece que o réu tinha um dever preexistente de comportamento

---

[186] NERY JUNIOR, Nelson; NERY, Rosa Maria de Andrade. *Código de Processo Civil comentado e legislação extravagante*. 9. ed. São Paulo: Revista dos Tribunais, 2006. p. 586.

[187] MARINONI, Luiz Guilherme. *Tutela inibitória:* individual e coletiva. 3. ed. São Paulo: Revista dos Tribunais, 2003. p. 36, esclarece que "A tutela inibitória, configurando-se como tutela preventiva, visa a prevenir o ilícito, culminando por apresentar-se, assim, como uma tutela anterior à sua prática, e não como uma tutela voltada para o passado, como a tradicional tutela ressarcitória".

[188] GOUVÊA, Marcos Maselli. *O controle judicial das omissões administrativas:* novas perspectivas de implementação dos.direitos prestacionais. Rio de Janeiro: Forense, 2003. p. 285, preleciona que "A técnica mandamental, em que posições jurídicas são tuteladas através de ordens sancionadas com medidas coercitivas, acha-se hoje, mercê das inovações introduzidas nos artigos 461, 644 e 645 do Código de Processo Civil, definitivamente incorporada como método comum de tutela das obrigações de fazer".

[189] CARVALHO FILHO, José dos Santos. *Op. cit.*, p. 70.

positivo, e que, em razão de sua inércia, não estava sendo por ele observado".

3.2.1.2. Obrigações de fazer postuladas com base em lei

Quando ajuizada uma ação civil pública, objetivando uma condenação de fazer, pretensão embasada em lei (*lato sensu*), ou seja, de natureza constitucional ou infraconstitucional, de eficácia imediata, não há falar, em princípio, em quebra do princípio da separação dos Poderes.

Com efeito, se a própria obrigação imposta à Administração Pública resulta de norma constitucional, parece evidente não haver espaço para ser acolhido argumento de que ela seria inconstitucional, a não ser que ela tenha sido originária de emenda à Constituição que implique quebra do princípio da separação dos Poderes (art. 2º da CF) e, em decorrência, tenha infringido uma das cláusulas pétreas (art. 60, § 4º, III, da CF).

De outro lado, também não há falar em comprometimento do princípio da separação dos Poderes quando o provimento buscado em ação civil, consistente num *facere*, a ser imposto pelo Poder Judiciário à Administração Pública, decorra de uma norma infraconstitucional (lei), exceto se esta for inconstitucional, por violadora do princípio da separação dos Poderes.

Por aí já se vê que a atividade jurisdicional pode ser livremente exercida em ação civil pública, não obstante o objeto desta implicar um provimento de fazer, imposto à Administração Pública, quando o suporte legal decorra de norma constitucional ou infraconstitucional, sem que isso signifique qualquer ofensa ao princípio da separação dos Poderes, ressalvadas as hipóteses acima mencionadas.

3.2.1.3. Obrigações de fazer e políticas públicas

Em face do exposto no subitem anterior, cabe aqui investigar até que ponto a atividade jurisdicional pode ser exercida na ação civil pública para tornar efetivos direitos que dependam da adoção de políticas públicas, sem que isto signifique infringência ao princípio da separação dos Poderes.

Para isso, impõe-se primeiramente analisar o alcance semântico da expressão *políticas públicas*.

Ao tratar dessa temática, Maria Paula Dallari Bucci[190] preleciona que "Políticas públicas são programas de ação governamental visando a coordenar os meios à disposição do Estado e as atividades privadas, para a realização de objetivos socialmente relevantes e politicamente determinados".

De outro lado, de maneira mais sintética, com a preocupação de não comprometer o alcance conceitual dessa expressão, deve-se entender como políticas públicas as ações governamentais tendentes a satisfazer interesses relevantes para a sociedade, em seu todo ou parte dela.

Ainda a respeito dessa questão conceitual, Geisa de Assis Rodrigues[191] considera que "As políticas públicas são os programas e planos governamentais que devem ser adotados pela Administração Pública para consecução dos seus fins".

Depois de observar que atualmente passa a se estabelecer um consenso de que a margem de discrição cometida à Administração Pública se vem tornando diminuta, em razão da indisponibilidade do interesse público, Rodolfo de Camargo Mancuso[192] sustenta entendimento de que, considerando o momento presente, com o enfoque evolutivo da doutrina e da jurisprudência, a política pública pode ser vista como aquela conduta da Administração Pública, tanto comissiva quanto omissiva, em sentido amplo, tendo como objetivo a realização de programa ou meta, com previsão em norma constitucional ou infraconstitucional; em seguimento, sustenta que a política pública que envolva esses dois tipos de condutas está sujeita a controle pelo Poder Judiciário, de forma ampla e exauriente, principalmente no que se refere aos aspectos relacionados com a "[...] eficiência dos meios empregados e à avaliação dos resultados alcançados".

Essa posição realmente parece estar em consonância com o aumento da ingerência da atividade jurisdicional determinada pelo art. 5°, XXXV, da CF.

Com efeito, a Constituição anterior, a de 1967, com a Emenda Constitucional de 1969, embora consagrando o princípio da inafas-

---

[190] BUCCI, Maria Paula Dallari. *Direito Administrativo e políticas públicas*. São Paulo: Saraiva, 2002. p. 241.

[191] RODRIGUES, Geisa de Assis. Anotações acerca da ação civil pública como uma ação constitucional. *In*: ROCHA, João Carlos de Carvalho; HENRIQUES FILHO, Tarcísio Humberto Parreiras; CAZETTA, Ubiratan (Orgs.). *Ação civil pública*: 20 anos da Lei n. 7.347/85. Belo Horizonte: Del Rey, 2006. p. 47.

[192] MANCUSO, Rodolfo de Camargo. A ação civil pública como instrumento de controle judicial das chamadas políticas públicas. *In*: MILARÉ, Édis (Coord.). *Ação civil pública* – Lei 7.347/85 – 15 anos. *Op. cit.*, p. 730-731.

tabilidade da jurisdição (art. 153, § 4º), não o fazia de forma tão ampla como a atual, pois o vinculava somente aos *direitos individuais*, enquanto a atual amplia essa ingerência, estendendo-a para *lesão ou ameaça a direito*; vale dizer, *qualquer* ameaça ou lesão a direito.

Isso significa que, havendo um direito, previsto em nível constitucional ou infraconstitucional, e sentindo-se o seu titular ameaçado ou lesado por alguém, essa conduta contrária à lei (em sentido *lato sensu*) se torna passível de ingerência jurisdicional, sob pena de posição em contrário estar na contramão do que preceitua o art. 5º, XXXV, da CF.

O Supremo Tribunal Federal,[193] ao apreciar recurso de agravo contra decisão que conheceu de recurso extraordinário interposto pelo Ministério Público e o proveu admitiu a intervenção judicial em temática referente a políticas públicas voltadas a tornar efetivos direitos sociais referentes à educação.

Ao analisar decisão do Supremo Tribunal Federal proferida na Argüição de Descumprimento de Preceito Fundamental nº 45, do Distrito Federal, que ao final veio ser julgada prejudicada, Rogério Gesta Leal[194] destaca que, para o Relator, Ministro Celso de Mello, haverá o controle jurisdicional de políticas públicas quando os Poderes Legislativo ou Executivo se postarem de forma indevida, ao não implementar estas, ou ainda, quando assumirem posição que revele uma vontade política de neutralizar ou comprometer a eficá-

---

[193] Segunda Turma do Supremo Tribunal Federal. RE-AgR 410715/SP – São Paulo. Relator: Min. Celso de Mello. Julgado em 22 de novembro de 2005. Disponível em: http://www.stf. gov.br. Acesso em: 14 dez. 2006. No que interessa, assim dispõe a ementa: "Embora resida, primariamente, nos Poderes Legislativo e Executivo, a prerrogativa de formular e executar políticas públicas, revela-se possível, no entanto, ao Poder Judiciário, determinar, ainda que em bases excepcionais, especialmente nas hipóteses de políticas públicas definidas pela própria Constituição, sejam estas implementadas pelos órgãos estatais inadimplentes, cuja omissão – por importar em descumprimento dos encargos político-jurídicos que sobre eles incidem em caráter mandatório – mostra-se apta a comprometer a eficácia e a integridade de direitos sociais e culturais impregnados de estatura constitucional".

[194] LEAL, Rogério Gesta. O controle jurisdicional de políticas públicas no Brasil: possibilidades materiais. *In*: SARLET, Ingo Wolfgang (Org.) *Jurisdição e direitos fundamentais*. Porto Alegre: Livraria do Advogado, 2005. v. I. Tomo I. p. 160, questiona: "Mas afinal, quando se estará diante de uma situação que autorize o controle jurisdicional das políticas públicas no Brasil? Para o ilustre Relator, isto vai ocorrer quando Legislativo ou Executivo agirem de modo irrazoável ou procederem com a clara intenção de neutralizar ou comprometer a eficácia dos direitos sociais, econômicos e culturais, afetando, 'como decorrência causal de uma injustificável inércia estatal ou de um abusivo comportamento governamental, aquele núcleo intangível consubstanciador de um conjunto irredutível de condições mínimas necessárias a uma existência digna e essenciais a própria sobrevivência do indivíduo'. A despeito de ter sido julgada prejudicada a ação constitucional, como já referimos dantes, importa reconhecer que os juízos de valor lançados pelo insigne Relator abrem um debate dos mais importantes no país, qual seja, o das condições de possibilidade de controle jurisdicional das políticas públicas, ingressando inclusive na seara das formas objetivas de se fazê-lo".

cia de direitos fundamentais, no caso, os direitos sociais, econômicos e culturais.

Por sua vez, Andreas Krell[195] entende que as questões referentes a políticas públicas podem perfeitamente ser apreciadas pelo Poder Judiciário, notadamente quando necessárias à implementação de direitos sociais, o que significa dizer que a atividade jurisdicional aí exercida não significa intromissão indevida na esfera de outro Poder, muito embora a questão relativa à execução dessas políticas caiba basicamente ao Executivo.

Esses interesses, objeto da ação governamental, quando reconhecidos pelo direito positivo, quer em decorrência de norma constitucional, quer infraconstitucional, se tornam direitos públicos subjetivos, cuja exigibilidade pode dar-se, perante o Estado, mediante o ajuizamento de ação individual (proposta pelo titular lesado ou ameaçado de lesão), ou mediante ação civil pública.[196]

A propósito, Geisa de Assis Rodrigues[197] admite, inclusive, a utilização de ação civil pública, destinada a implementar políticas públicas, quando estas tenham sido estipuladas pelo legislador, notadamente se necessárias à outorga de direitos sociais, pois, em tal situação, não haveria espaço para a discricionariedade da Administração Pública no que se refere à implementação ou não desse tipo de política.

Em posição distinta, ou seja, pela impossibilidade de o Poder Judiciário emitir provimento jurisdicional de efetivação de políticas, mas de caráter geral, manifesta-se José dos Santos Carvalho Filho.[198]

---

[195] KRELL, Andreas J. *Op. cit.*, p. 100, a este respeito é enfático: "No entanto, as questões ligadas ao cumprimento das tarefas sociais como a formulação das respectivas políticas, no Estado Social de Direito não estão relegadas somente ao Governo e à Administração Pública, mas têm o seu fundamento nas próprias normas constitucionais sobre direitos sociais; a sua observação pode e deve ser controlada pelos tribunais".

[196] O uso da expressão *ação civil pública* não tem o condão de eliminar a utilização de outras ações, v.g., as ações coletivas (*stricto sensu*), não propostas pelo Ministério Público, que veiculam pretensões envolvendo interesses difusos, coletivos (*stricto sensu*) ou individuais homogêneos, tampouco o mandado de segurança coletivo, que não podem ser descartadas, observados os respectivos pressupostos de cabimento. Assim, a utilização da expressão ação civil pública, no corpo do texto, visa primeiramente a guardar pertinência temática com o título do trabalho e, por conseguinte, com o objeto central da investigação. De outro lado, porque a ação civil pública, conforme já demonstrado, se presta a veicular em juízo tanto interesses individuais indisponíveis, quanto os coletivos (*lato sensu*). Cabe aqui mais uma vez lembrar que o conceito de interesses coletivos *lato sensu* atualmente decorre de lei (art. 81, parágrafo único, I, II e III, do CDC); contudo, tais interesses, com essa dimensão, não somente são encontráveis no âmbito da relação de consumo, mas também em outras relações de direito material, v.g., as que dizem respeito aos interesses inominados.

[197] RODRIGUES, Geisa de Assis. *Op. cit.*, p. 48.

[198] CARVALHO FILHO, José dos Santos. *Op. cit.*, p. 81.

O argumento de que o Poder Judiciário não pode intervir em temática alusiva a políticas públicas, pois isso significaria ingerência indevida em área restrita e reservada, basicamente, ao Poder Executivo (pois a este cabe a execução de políticas públicas), se acolhido de forma absoluta, significaria, por via oblíqua, brecar a implementação de interesses reconhecidos por normas constitucionais ou infraconstitucionais, o que os torna direitos públicos subjetivos, o que é inadmissível, pelo fato de que tal posição, na prática, significaria inviabilizar a efetivação desses direitos.

A não-ingerência do Poder Judiciário seria aceitável no espaço nuclear relativo às políticas públicas que envolvessem atos deliberativos de adoção, pela Administração Pública, quanto ao modo e à forma de implementá-las, e que não significasse, nenhum deles, postura voltada à não-implementação de tais direitos.

Esse é o espaço em que a atividade jurisdicional não pode ser exercida, pois aqui perfeitamente aceitável o entendimento de que ele diz respeito à área reservada à Administração Pública, onde esta poderá praticar atos discricionários.

Um outro ponto que merece aqui ser salientado é o que diz respeito à invocação de que direitos fundamentais, de 2ª ou de 3ª geração, não podem ser concedidos pelo Poder Judiciário, pois tal concessão dependeria da implementação de políticas públicas, o que ainda não teria ocorrido.

Esse argumento, costumeiramente utilizado pela Administração Pública, se pura e simplesmente aceito, significaria beneficiar o infrator.

Com efeito, se ao Poder Executivo cabe a execução de políticas públicas, e ele não as realiza, não pode alegar esta condição, ainda não satisfeita, para a não-concessão de direitos, mormente quando fundamentais, pois esta escusa invocada se mostra ilegítima, na medida em que foi ele quem deu causa, com a sua omissão, a que não fossem implementadas.

Por aí já se vê quão necessário é a atividade jurisdicional examinar aspectos relacionados com políticas públicas, pois, do contrário, se não pudesse fazê-lo, toda e qualquer argumentação de que direitos não poderiam ser concedidos por dependerem da implementação daquelas, o que não ocorreu, não restaria ao Poder Judiciário outra alternativa senão indeferi-los. E com *simplória e comodista* fundamentação: como os direitos pleiteados dependem da adoção de políticas que não foram realizadas, e não podendo o Poder Judiciário examiná-las, sob pena de afronta ao princípio da separação dos Poderes, a pretensão deduzida em juízo merece ser indeferida (!).

É evidente que provimento jurisdicional nesses termos não condiz com a postura que deve assumir o magistrado nos tempos atuais, pois parece ignorar a cláusula constitucional de que *a lei não excluirá da apreciação do Poder Judiciário lesão ou ameaça a direito* (art. 5º, XXXV, da CF).

Ademais, o magistrado de hoje não é simples aplicador de soluções simplistas e não-invasivas em outras esferas de poder. Dele se espera, é verdade, uma decisão cuidadosa, equânime, mas que não se divorcie do seu tempo, nem deixe de enfrentar, de forma resoluta, os novos conflitos gerados pela inação estatal; e, basicamente neste ponto, que tenha presente a constatação feita por François Rigaux,[199] de que "[...] o juiz goza de uma liberdade mais extensa do que a do co-autor de um romance escrito com sucessivas pinceladas".

Dentro dessa linha de entendimento invasiva da atividade jurisdicional em políticas públicas, Analúcia Hartmann[200] sustenta o cabimento de ação civil pública como instrumento apto a implementá-las, consistente numa obrigação de fazer, como forma efetiva de preservar o meio ambiente, que sabidamente se inclui entre os chamados direitos de 3ª dimensão.

No que diz respeito aos direitos de 2ª dimensão, ou seja, os direitos sociais, aqui relacionados com a educação infantil, o Tribunal de Justiça do Rio Grande do Sul[201] admitiu o exame de políticas pú-

---

[199] RIGAUX, François. *A lei dos juízes*. Tradução de: Edmir Missio, rev. da tradução de: Maria Ermantina Galvão, revisão técnica de: Gildo Leitão Rios. São Paulo: Martins Fontes, 2003. p. 305.

[200] HARTMANN, Analúcia. A ação civil pública e a omissão na concretização das políticas públicas ambientais. *In*: ROCHA, João Carlos de Carvalho; HENRIQUES FILHO, Tarcísio Humberto Parreiras; CAZETTA, Ubiratan (Orgs.). *Ação civil pública*: 20 anos da Lei n. 7.347/85. *Belo Horizonte*: Del Rey, 2006. p. 413.

[201] Oitava Câmara Cível do Tribunal de Justiça do Rio Grande do Sul. Agravo de Instrumento nº 70016795007. Relator: Des. José Ataídes Siqueira Trindade. Julgado em 10 de outubro de 2006. Disponível em: http://www.tj.rs.gov.br. Acesso em: 20 dez. 2006, ficou consignado na sua ementa o seguinte: "Agravo de instrumento. ECA. Ação civil pública. Município de Alvorada. Implantação de política pública para atendimento integral a crianças e adolescentes portadores de necessidades especiais. Elaboração, implantação e execução de plano clínico, educacional e multidisciplinar de atendimento especializado. Antecipação de tutela. Possibilidade. Importância dos interesses protegidos. Ausência de violação ao princípio da separação dos poderes. Incidência de multa para o caso de descumprimento. Redução do *quantum*. 1) Não há falar em ofensa à Lei nº 8.437/92, que veda a concessão de medida liminar que esgote, no todo ou em parte, o objeto da ação (art. 1º, § 3º), bem como estabelece que, na ação civil pública, a liminar será concedida, quando cabível, após a audiência (art. 2º), visto que não se pode desconsiderar que, excepcionalmente, a gravidade da situação e a peculiaridade do caso concreto exigem a tutela de urgência, devendo, por certo, ser imposta a primazia do interesse jurídico ameaçado sobre o interesse público tutelado pela referida lei. Ademais, o fornecimento de tratamento adequado a crianças e adolescentes, por meio de

blicas pelo Poder Judiciário e, em conseqüência, assegurou a efetivação de tratamento adequado a ser dispensado, por Município, à preservação da saúde de crianças e adolescentes portadores de necessidades especiais.

A propósito, Regina Maria Fonseca Muniz,[202] depois de considerar que a educação, de acordo com a Constituição Brasileira, é direito fundamental, e que os direitos sociais têm como fundamento a constatação de que o ser humano não terá condições de viver de forma digna e plena se não lhe forem atendidas as necessidades consideradas básicas, conclui que "[...] o Estado não pode se furtar de tal dever sob a alegação de inviabilidade econômica ou de falta de normas de regulamentação".

3.2.1.4. Obrigações de fazer: questões orçamentárias e a reserva do possível

Outro argumento costumeiramente invocado para tentar brecar provimentos jurisdicionais condenatórios em ações civis públicas é o de que a concessão dos direitos aí buscados não é possível por razões de *natureza orçamentária* ou que se deve levar em conta *a reserva do possível*.[203]

A esse respeito, lembra Dirley da Cunha Júnior[204] que "A chamada reserva do possível foi desenvolvida na Alemanha, num contexto jurídico e social totalmente distinto da realidade histórico-concreta brasileira".

Isso significa dizer que se na Alemanha, um país desenvolvido, tal tese é mais aceita com certa tranqüilidade, no Brasil seu trânsito deve ser visto sob outra ótica, na medida em que se tem outra realidade. Aqui, são inúmeros os problemas que atormentam a sociedade brasileira. Os direitos fundamentais, notadamente os sociais, ainda carecem de efetiva implementação, muitas vezes em razão do

---

políticas públicas eficientes, constitui responsabilidade estatal, visto que a saúde é um direito social que figura entre os direitos e garantias fundamentais previstas na Constituição Federal. 2) Cabível a fixação de multa diária para o caso de descumprimento, pelo Município de Alvorada, de decisão que, em antecipação de tutela, determina o fornecimento de assistência integral a crianças e adolescentes portadores de necessidades especiais (art. 213, *caput* e § 2º do ECA e art. 461, §§ 4º e 5º do CPC). O valor da multa, contudo, não deve ser exorbitante, sendo razoável a sua fixação em R$ 100,00 por dia. Precedentes. Recurso parcialmente provido".

[202] MUNIZ, Regina Maria Fonseca. *O direito à educação*. Rio de Janeiro: Renovar, 2002. p. 91-92.

[203] SARLET, Ingo Wolfgang. *A eficácia dos direitos fundamentais. Op. cit.*, p. 276, observa que *a reserva do possível*, "... compreendida em sentido amplo, abrange tanto a possibilidade, quanto o poder de disposição por parte do destinatário da norma".

[204] CUNHA JÚNIOR, Dirley da. *Controle judicial das omissões do poder público*. São Paulo: Saraiva, 2004. p. 308.

descaso do Poder Público, outras pela falta de recursos causada por uma política de centralização, capitaneada pela União Federal, em detrimento de Estados e Municípios quanto à divisão do valor arrecado com a cobrança de tributos e especialmente de contribuições financeiras.

Essa realidade não pode deixar de estar presente no processo de avaliação e reflexão do juiz. Isso significa que, se simplesmente vier acolher a *tese da reserva do possível*, sem maiores considerações, poderá estar inviabilizando a efetivação de direitos e, com isso, chancelando a omissão do Poder Público, causa que determinou a não-fruição deles; se vier a conceder o direito buscado em relação a uma pessoa, considerando o montante financeiro que isso importa, poderá estar prejudicando o interesse de inúmeras outras.

Por isso, o juiz deve estar permanentemente atento para todos esses aspectos, sob de a sua decisão significar comprometimento da justa composição da lide.

Aqui, a rigor, não é invocado o argumento de que a atividade jurisdicional não pode ocorrer porque a temática poderia comprometer o princípio da separação dos Poderes, por ser insindicável a atividade administrativa. O argumento quanto a esta temática é outro: a atividade jurisdicional em questões orçamentárias é cabível (*sindicável*), contudo o provimento jurisdicional buscado não pode ser concedido por falta de previsão orçamentária ou porque somente pode ser concedida a fruição do direito se existente disponibilidade financeira para isso.

Primeiramente cabe salientar que é inaceitável o argumento de que um direito não possa ser concedido sob o fundamento de que não há previsão orçamentária para efetivá-lo, notadamente quando se tratar de direito fundamental, e muito menos ainda quando ele estiver situado no campo do mínimo existencial.

Acolher esse argumento poderia representar a abertura de uma porta larga por onde passaria a trilhar a Administração Pública para inviabilizar a concessão de direitos que, a seu juízo, não deveriam ser efetivados. Bastaria, para isso, omitir-se, quando da elaboração do orçamento, deixando assim de estabelecer previsão para que a efetivação de tais direitos não viesse a ocorrer.

O Tribunal de Justiça do Rio Grande do Sul,[205] ao apreciar agravo de instrumento interposto por Município, nos autos de ação civil

---

[205] Sétima Câmara Cível do Tribunal de Justiça do Rio Grande do Sul. Agravo de Instrumento n° 70016949539. Relatora: Desa. Maria Berenice Dias. Julgado em 01 de novembro de 2006. Disponível em: http://www.tj.rs.gov.br. Acesso em: 21 dez. 2006. Na ementa do acórdão está consignado: "A ação civil pública é a via processual adequada para o caso. O Município não

pública ajuizada para preservar interesses de crianças em situação de risco, pela inação estatal em não conservar adequadamente prédio destinado a mantê-las, repeliu tese da falta de previsão orçamentária e da eventual infringência ao princípio da separação dos Poderes.

Esse argumento, pois, deve ser devidamente sopesado pelo Poder Judiciário.

Primeiramente, porque é perfeitamente possível haver suplementação orçamentária para atender despesas não previstas originariamente na lei orçamentária, o que serve para afastar o argumento de que, condenar o ente público a uma obrigação de fazer, com repercussão orçamentária, não é possível por falta de previsão nessa lei.

De outro lado, *a reserva do possível* é invocação que deve ser avaliada caso a caso. Ademais, esse argumento, freqüentemente utilizado pela Administração Pública para inviabilizar pretensões condenatórias deduzidas em juízo contra si não pode ser aceito *a granel*, tampouco acolhido para inviabilizar a efetivação de direitos fundamentais, mormente os que se inserem no campo do mínimo existencial, e dentre estes os relativos à saúde e à educação, sob pena de ser privilegiado o bem econômico ou patrimonial em detrimento da dignidade do ser humano e até mesmo da sua própria sobrevivência, o que é inaceitável.

Uma forma de coibir, preventivamente, a alegação, freqüentemente utilizada pela Administração Pública, de falta de previsão orçamentária para a não-implementação de políticas necessárias à concessão de direitos, basicamente os sociais, não obstante possam englobar outros, como os relacionados ao meio ambiente, é o Ministério Público, na função de *ombudsman* (art. 129, II, da CF, combinado com o art. 6º, XX, da Lei Complementar 75/93, e art. 26, VII, da Lei nº 8.625/93) instar o Poder Executivo e/ou o Poder Legislativo a que destinem dotação própria para essa finalidade.

Por fim, cabe ainda lembrar a posição sustentada por Fábio Konder Comparato,[206] no sentido de que deve ser reconhecida "[...] a competência do Judiciário para invalidar a aprovação de orçamen-

---

pode se eximir de dar cumprimento aos programas relacionados à política social. Crianças e adolescentes expostos em situação de risco, que necessitam da preservação do abrigo em que se encontram. Normas constitucionais de eficácia plena. Rejeição dos argumentos de limitação orçamentária e suposta violação do princípio da independência e harmonia entre os poderes. Recurso provido em parte, tão-somente para que seja ampliado o prazo para cumprimento da decisão agravada".

[206] COMPARATO, Fábio Konder. *A afirmação histórica dos direitos humanos*. 3. ed. São Paulo: Saraiva, 2003. p. 337.

tos públicos que desrespeitam as prioridades sociais estabelecidas na Constituição".

Essa posição adotada por Fábio Konder Comparato, embora respeitável, poderia ser melhor aceita se o projeto de lei orçamentária viesse a ser aprovado pelo Poder Legislativo e sancionado pelo Poder Executivo em desrespeito à norma constitucional expressa, ou seja, houvesse previsão, v.g., de percentual fixo na Constituição para a área da saúde ou educação, e isto não tivesse sido respeitado. Aí sim, em tal situação, não haveria o menor risco de ingerência jurisdicional indevida na esfera dos outros Poderes, ao ser invalidada a lei orçamentária, não podendo, então, ser invocado o argumento de quebra do princípio da separação dos Poderes, pois editada em total desrespeito à norma constitucional.

3.2.2. No Poder Legislativo

Em regra, não há falar em existência de blindagem relativa da atividade jurisdicional quando enfrenta, em ação civil pública, atos oriundos do Poder Legislativo.

Isso porque a maioria dos atos praticados por esse Poder são atos tipicamente legislativos. Sendo assim, eles estão protegidos por blindagem absoluta, ou seja, atos praticados no exercício próprio e reservado ao Poder, insucetíveis, pois, de controle pela via judicial, exceto nas situações em que o processo legislativo é desenvolvido contrariamente ao que dispõe a Constituição; nesta hipótese, contudo, inexiste qualquer blindagem, e a ação civil pública não é o instrumento adequado para coibir tal mácula.

De outro lado, quando for aprovado projeto de lei de iniciativa do Poder Legislativo, e que venha a ser sancionado, tido como inconstitucional, também aqui não há qualquer blindagem, pois perfeitamente adequado o uso da ação civil pública (ação direta de inconstitucionalidade, proposta pelo Procurador-Geral da República, no plano federal, e, no estadual, pelo Procurador-Geral de Justiça), para extirpar do ordenamento positivo infraconstitucional essa lei maculada por tal vício.

Contudo, não se pode deixar de aventar aqui situação rara, em que a blindagem é relativa, não obstante o ato seja praticado pelo Poder Legislativo.

Isso ocorre quando, v.g., o ato praticado por esse Poder é de natureza administrativa; o provimento jurisdicional buscado em ação civil pública visa a compelir o Poder Legislativo a realizar reformas em sua sede (Câmara dos Deputados, Senado Federal, Assembléia

Legislativa ou Câmara de Vereadores), na preservação de bens de valor, v.g. histórico, artístico ou estético – o que é possível. Mas, não contente com isso, busca o agente do Ministério Público imiscuir-se em atos executórios de reforma, deduzindo pretensão nesse sentido, quanto à forma e à maneira de realizá-la.

Esse extravasamento não poderá ser endossado pelo Poder Judiciário, ao apreciar ação civil pública, sob pena de afronta ao princípio da separação dos Poderes, pois tais peculiaridades relacionadas com esse fazer se circunscrevem ao espaço discricionário da atividade administrativa, aqui exercida excepcionalmente pelo Poder Legislativo, insuscetível, pois, de ingerência jurisdicional.

Assim, a maneira pela qual deverá ser feita essa reforma, o número de pessoas a serem empregadas e o uso do material a ser utilizado são aspectos que se inserem no poder discricionário do administrador, ressalvada a hipótese (raríssima) de haver lei dispondo exaustivamente a respeito de tais circunstâncias.

Logo, nesses pontos, a atividade jurisdicional não pode ser exercida; descabe ao Poder Judiciário, dessa forma, indicar ao administrador a melhor forma de proceder quanto a essa reforma.

Assim, nessa situação rara, sem rechaçar outras que possam ser inseridas nessa faixa de raridade, a blindagem é relativa.

Isso porque a atividade jurisdicional pode emitir comando de fazer, não mas lhe é dado estendê-lo para alcançar a forma e o modo desse fazer, ressalvada sempre a hipótese de haver lei dispondo a respeitos destas circunstâncias, conforme acima exposto.

3.3. Da Ingerência plena da atividade jurisdicional em temas que não há blindagem

3.3.1. No Poder Executivo

Geralmente, nos demais provimentos jurisdicionais, que não envolvam uma obrigação de fazer, em que o Poder Judiciário se vê na contingência de examinar temáticas tradicionalmente afetas à Administração Pública, a atividade jurisdicional pode ser exercida livremente, pois aí inexiste qualquer blindagem protetiva a ser invocada, decorrente do princípio da separação dos Poderes.

É, pois, notadamente nas ações civis públicas voltadas a uma condenação de fazer em que se torna extremamente agudo e freqüentemente utilizado o argumento do princípio da separação dos Poderes, pois em tais situações se exige da Administração Pública um fazer, um *praestare*, que a atividade jurisdicional precisa incursionar por áreas tradicionalmente tidas como reservadas ao Poder Executivo.

Não obstante isso, cabe lembrar que em ações civis públicas que objetivem um provimento jurisdicional de caráter constitutivo negativo, ou seja, desfazer um ato da Administração Pública, esta costumeiramente costuma alegar que ele foi praticado no desempenho de sua atividade discricionária. Logo, caberia ao Poder Judiciário examinar os atos aí praticados tão-somente pelo prisma da legalidade, sob pena de afronta ao princípio da separação dos Poderes.

Essa alegação, atualmente, é inaceitável.

Ocorre que o art. 37, *caput*, da CF ampliou a atividade invasiva do Poder Judiciário na esfera da Administração Pública, direta e indireta, permitindo-lhe que examine a atividade administrativa não somente quanto à legalidade, mas também quanto à impessoalidade, moralidade, publicidade e eficiência.

Isso significa que a atividade jurisdicional, pela Constituição Federal, está autorizada a examinar o ato administrativo sob todos esses ângulos.

Com isso, em regra, a alegação da Administração Pública de que o seu ato se apresenta como insindicável pelo Poder Judiciário, sob pena de afronta ao princípio da separação dos Poderes, deve, cada vez mais, ser visto com reservas, e aceito em raríssimas situações.

3.3.2. No Poder Legislativo

No âmbito do Poder Legislativo, a atividade jurisdicional não é exercida com muita freqüência.

Com efeito, não obstante caiba a esse Poder implementar políticas, mas tão-somente no que concerne à aprovação de projetos de lei que propiciem sua execução pelo Poder Executivo, ou ainda a aprovação de projeto da lei orçamentária prevendo recursos para a realização delas, tais questões, contudo, são ínsitas à atividade legislativa, situando-se, portanto, no campo da blindagem absoluta.

Contudo, cabe observar que, quando o Poder Legislativo exerce excepcionalmente atividade administrativa, v.g., a nomeação de funcionários, de forma ilegal, ou reforma de sua sede, contrariando o plano estético da cidade, ou em prejuízo a bem histórico, tais atos são passíveis de serem coibidos por provimento jurisdicional emitido no âmbito de uma ação civil pública, sem que, com isso, sequer

Ação Civil Pública

possa ser alegada infringência ao princípio da separação dos Poderes.

Logo, em tais situações, a atividade jurisdicional não sofre qualquer tipo de blindagem.

E isso porque a ação civil pública está voltada para a defesa do patrimônio público e para a preservação da probidade administrativa e ainda, na segunda hipótese, busca preservar o patrimônio cultural, tendo assim causa de pedir embasada em normas constitucionais e infraconstitucionais de eficácia imediata.

4. Considerações complementares

Como forma de resolver esse impasse muitas vezes criado, diante do argumento de que a atividade jurisdicional não pode ser exercida em temas que estariam afetos a outro poder, sob pena de ofensa ao princípio fundamental da separação dos Poderes (art. 2º da CF), e, de outro lado, levando em conta que a não-ingerência da atividade jurisdicional, sob essa alegação, poderia significar, na prática, até mesmo a impossibilidade de serem efetivamente tutelados interesses coletivos *lato sensu*, especialmente aqueles direitos cuja implementação dependeria de uma conduta positiva do Estado, como os direitos sociais, é que deve ser repensada uma nova postura do Poder Judiciário nesse campo, sob pena de ser extremamente restringido o princípio da inafastabilidade da jurisdição (art. 5º, XXXV, da CF).

Faz-se mister repensar com a uma visão bifocal e partindo da premissa de que o Poder Judiciário não é um Poder eminentemente técnico.

Isso significa, quanto àquela visão, que se deve ter presente, ao decidir uma demanda judicial, o princípio da separação dos Poderes, mas também o da inafastabilidade da jurisdição; e, quanto a esta outra, que o Poder Judiciário é um *poder político*, ou seja, deve ter a possibilidade de avaliar todas as relações sociais que a ele forem submetidas, e de nelas intervir, mesmo naquelas em que em princípio não deveria, mas deve fazê-lo porque há um acentuado interesse social a recomendar que as aprecie, mormente quando os direitos reivindicados em juízo tenham sido sonegados aos seu titulares por omissão da Administração Pública.

Isso faz com que se advogue, aqui, a adoção *da Intervenção Legitimadora Necessária do Poder Judiciário*; ou seja, justifica-se plenamente a intervenção do Poder Judiciário em temática própria de outro Poder, sempre que este, para não conceder direitos assegurados constitucionalmente, especialmente os pertencentes à órbita dos direitos sociais, e constantes do núcleo restrito ao mínimo existencial, deixam de ser concedidos pela Administração Pública sob a alegação, especialmente, de não-implementação de políticas, por falta de previsão orçamentária para isso, ou por insuficiência de recursos.

Essa intervenção se justifica, ainda mais plenamente, quando outro Poder, instado pelo Ministério Público (art. 129, II, da CF, combinado com o art. 6°, XX, da Lei Complementar 75/93, e art. 26, VII, da Lei n° 8.625/93) a prever dotação orçamentária própria e suficiente para implementação de políticas públicas necessárias à concessão de direitos fundamentais, não o faz, mostrando-se silente. Com isso, esse Poder fica em *mora*, o que legitima ainda mais a intervenção do Poder Judiciário nessa área, em princípio tida como indevassável pela atividade jurisdicional.

Pensar de forma diferente, com a devida vênia, seria transformar o Poder Judiciário em Poder estritamente técnico, indiferente aos reclamos sociais, quer em razão da impossibilidade de efetivação de direitos fundamentais, quer pela indiferença comodista de não exercer atividade jurisdicional ante a inércia de outros Poderes, especialmente o Executivo, a quem cabe executar políticas públicas voltadas, como condição, para a implementação desses direitos.

Contudo, essa intervenção jurisdicional não pode alcançar aquele espaço indevassável, porque afeto exclusivamente à deliberação do administrador, situado no campo que diz com a sua atuação discricionária, que atualmente está muito reduzido, notadamente em razão de o legislador de 1988 ter acolhido o princípio da inafastabilidade da jurisdição de forma mais ampla do que o fizera o da Constituição de 1967.

Esse campo, contudo, não é largo. É estreito, e deve ser avaliado caso a caso; mas pode ser demarcado genericamente.

Essa demarcação implica projetar juízos valorativos relacionados com a forma e a maneira pela qual o ato administrativo pode ser praticado, visando com isso a melhor atender o interesse público.

Nessa faixa valorativa, a atividade jurisdicional não pode ser exercida. Descabe ao Poder Judiciário aí intervir, pois, se o fizesse, estaria irremediavelmente conspurcando o princípio da separação dos Poderes (art. 2º da CF). E, por conseguinte, estaria comprometido o Estado Democrático de Direito.

Com isso, estão aí demarcados o alcance e os limites em que a atividade jurisdicional pode ser exercida na ação civil pública.

Tal demarcação, contudo, não pode ter a pretensão de pôr fim à acentuada controvérsia existente na doutrina e na jurisprudência a respeito desta temática.

Antes pelo contrário, é um indicativo de solução, um começo; talvez forma incipiente de mostrar um caminho altamente movediço, que está ainda a exigir muita reflexão.

Mas esta é uma delas, e certamente não será a derradeira.

Parte VI

Natureza da atividade jurisdicional na Ação Civil Pública

1. Considerações iniciais

É por meio da jurisdição[207] que o Estado realiza uma de suas funções básicas, que lhe permite dirimir os conflitos existentes em sociedade, fazendo incidir sobre eles o direito objetivo que disciplina a correspondente relação de direito material litigiosa que lhe é submetida.

Sem jurisdição, haveria o caos. A sociedade retornaria aos tempos medievais, em que os conflitos costumavam ser dirimidos em favor do predomínio dos mais fortes, sob o ponto de visto econômico ou da força física.

Com efeito, conforme preleciona José Frederico Marques,[208] "Esse antagonismo de interesses não pode ser solucionado pela imposição do interesse do mais forte, através de autotutela exercida por este".

A função[209] jurisdicional, exercida pelo Estado, fez com que os conflitos viessem a ser dirimidos de forma bem mais civilizada, na medida em que vedada a autotutela,[210] forma primitiva e irracional de resolvê-los.

---

[207] CHIOVENDA, Giuseppe. *Instituições de Direito Processual Civil*. 1. ed. Tradução de: Paolo Capitanio. Campinas: Bookseller, 1998. v. 2. p. 8, estabelece o seguinte conceito de jurisdição: "Pode definir-se a jurisdição como a função do Estado que tem por escopo a atuação da vontade concreta da lei por meio da substituição, pela atividade de órgãos públicos, da atividade de particulares ou de outros órgãos públicos, já no afirmar a existência da vontade da lei, já no torná-la, praticamente, efetiva".

[208] MARQUES, José Frederico. *Manual de Direito Processual Civil*. 2. ed. São Paulo: Saraiva, 1974. v. 1. p. 7.

[209] CINTRA, Antônio Carlos de Araújo; GRINOVER, Ada Pellegrini; DINAMARCO, Cândido Rangel. *Teoria geral do processo*. 7. ed. São Paulo: Revista dos Tribunais, 1990. p. 115, dizem que jurisdição, "Como função, expressa o encargo que têm os órgãos estatais de promover a pacificação de conflitos interindividuais, mediante a realização do direito justo e através do processo".

[210] GONÇALVES, Marcus Vinícius. *Novo curso de Direito Processual Civil*. São Paulo: Saraiva, 2004. v. 1. p. 2-3, ao tratar de autotutela e jurisdição, assim se manifesta: "Foi a partir do mo-

---

Ação Civil Pública

É por meio da atividade jurisdicional que o Estado concretiza um dos mais importantes atos de soberania:[211] o *jurisdicional*. A materialização deste ato torna palpável a força do Estado e dá efetividade às postulações feitas pelas partes, ou pelos interessados, quando o processo é extinto de forma normal.[212]

De acordo com o magistério de José Frederico Marques,[213] "A jurisdição é a força operativa com que se realiza o *imperium* do Estado para compor um litígio; o processo, o instrumento imanente à jurisdição, para que o Estado alcance esse escopo".

A propósito, considerando a íntima conexão existente entre jurisdição e processo, cabe salientar que este é o instrumento de que se vale aquela para obter a composição da lide.

Sob uma outra ótica, a jurisdição é vista por Jaime Guasp[214] como uma função estatal de satisfação de pretensões.

No dizer de Moacyr Amaral Santos,[215] a jurisdição "Consiste no poder de atuar o direito objetivo, que o próprio Estado elaborou, compondo os conflitos de interesses e dessa forma resguardando a ordem jurídica e a autoridade da lei".

No entendimento de Galeno Lacerda,[216] "Jurisdição não é somente o poder do Estado. É também o dever do Estado em relação ao particular, porque deve restabelecer e garantir a paz social, sempre que perturbada"; parte do pressuposto de que somente há jurisdição quando houver conflito de interesses, e que a finalidade da jurisdição é buscar a justa composição da lide, seguindo aqui a linha de pensamento carneluttiana.

---

mento em que os Estados se estabeleceram e ganharam força que a solução dos conflitos de interesses deixou de ser dada pela autotutela. Até então, eram as próprias partes envolvidas que solucionavam os conflitos, com o emprego da força ou de outros meios. Quando havia uma desavença, ou as partes conseguiam chegar a um acordo, ou uma delas se submetia à força dos interesses da outra".

[211] CHIOVENDA, Giuseppe. *Op. cit.*, p. 9, a este respeito assim diz: "A soberania é o poder inerente ao Estado, quer dizer, à organização de todos os cidadãos para fins de interesse geral. Mas esse poder único insere três grandes funções: *a legislativa, a governamental (ou administrativa) e a jurisdicional*".

[212] Cabe esclarecer que o processo é considerado extinto, de forma normal, nas hipóteses a que se referem os incisos I a V do art. 269; a extinção anormal dá-se nas situações previstas nos incisos I a XI do art. 267, ambos do CPC.

[213] MARQUES, José Frederico. *Op. cit.*, p. 7.

[214] GUASP, Jaime. *Derecho Procesal Civil*. 4. ed. Revisada y adaptada a la legislación vigente por Pedro Aragoneses. Madrid: Civitas, 1998. Tomo I. p. 94.

[215] SANTOS, Moacyr Amaral. *Primeiras linhas de Direito Processual Civil*. 14. ed. São Paulo: Saraiva, 1990. v. 1. p. 67.

[216] LACERDA, Galeno. *Teoria geral do processo*. Rio de Janeiro: Forense, 2006. p. 77.

Por aí já se vê que a idéia do que seja jurisdição varia de acordo com o enfoque dado pelo doutrinador.

Considera José Maria Rosa Tesheiner[217] que nenhuma das tentativas de conceituar jurisdição se mostra imune à crítica; salienta, ainda, que tal instituto vem sendo caracterizado pelos juristas sob os seguintes ângulos: a) o da substituição, b) o de coisa julgada, c) o de lide, e d) o da imparcialidade.

Essas diferentes óticas de caracterizar uma atividade como jurisdicional podem ser assim sintetizadas: a) a idéia de que a jurisdição deve ser vista como atividade substitutiva, sustenta que o Estado, ao desempenhar esta função, ao aplicar o direito objetivo para dirimir o conflito estabelecido entre as partes, ele o faz em substituição à vontade delas; b) a atividade seria considerada jurisdicional quando houvesse coisa julgada, ponto básico distintivo da atividade administrativa, em que ela não ocorre; c) a atividade jurisdicional, para ser assim considerada, requer que haja lide, ou seja, um conflito de interesses qualificado por uma pretensão resistida ou insatisfeita; d) por fim, a atividade somente pode ser considerada jurisdicional quando exercida por um agente estatal, que age com imparcialidade, posição típica do juiz, que se mostra desinteressado em relação ao caso que lhe é submetido para apreciação.

Conforme salienta Salvatore Satta,[218] tem sido dados vários conceitos sobre jurisdição, com a preocupação distingui-la da legislação e da administração.

2. Inteligência de atividade jurisdicional

De acordo com o magistério de Antonio Carlos de Araujo Cintra, Ada Pellegrini Grinover e Cândido Rangel Dinamarco,[219] a jurisdição, como *atividade*, "[...] é o complexo de atos do juiz no processo, exercendo o poder e cumprindo a função que a lei lhe comete".

É oportuno lembrar que a atividade jurisdicional se desenvolve de acordo com alguns princípios, tidos como fundamentais por Vi-

---

[217] TESHEINER, José Maria Rosa. *Elementos para uma teoria geral do processo.* São Paulo: Saraiva, 1993. p. 62-63.

[218] SATTA, Salvatore. *Direito Processual Civil.* 7. ed. Tradução de: Luiz Autuori. Rio: Borsoi, 1973. v. I. p. 61.

[219] CINTRA, Antônio Carlos de Araujo; GRINOVER, Ada Pellegrini; DINAMARCO, Cândido Rangel. *Op. cit.*, p. 115.

Ação Civil Pública

cente Greco Filho,[220] a saber: a) o da *inércia*; b) o da *indeclinabilidade*; c) o da *inevitabilidade*; e d) o da *indelegabilidade*.

A atividade jurisdicional pode aqui ser sintetizada como sendo aquela desenvolvida por um sujeito principal imparcial,[221] investido na função jurisdicional, que tem como objeto a apreciação de uma postulação formulada pelo autor (caso de jurisdição contenciosa) ou pelo interessado (caso de jurisdição voluntária).

Assim, o exercício da atividade jurisdicional não pressupõe, tão-somente, a existência de um conflito, pois, do contrário, se teria de admitir que na jurisdição voluntária ou graciosa a atividade aí desenvolvida tenderia a ser classificada como administrativa, o que é inaceitável, e por exclusão, já que inadmissível enquadrá-la como legislativa.

A atividade jurisdicional tampouco pressupõe, tão-somente, a administração de interesses privados em juízo – caso típico de jurisdição voluntária –, pois com isso ficariam excluídos todos os casos em que há conflitos de interesses, a serem dirimidos no âmbito da jurisdição contenciosa.

Observa, no entanto, Galeno Lacerda[222] que a atividade desenvolvida pelo juiz na chamada jurisdição graciosa ou voluntária não

---

[220] GRECO FILHO, Vicente. *Direito Processual Civil brasileiro*. 19. ed. São Paulo: Saraiva, 2006. v. 1. p. 169-170, no que aqui interessa, em síntese, assim explicita esses princípios: "a) a *inércia*: a atividade jurisdicional se desenvolve quando provocada; b) a *indeclinabilidade*: o juiz não pode recursar-se a aplicar o direito, nem pode excluir da apreciação do Poder Judiciário qualquer lesão de direito individual; c) a *inevitabilidade*: a atividade dos órgãos jurisdicionais é incontrastável, isto é, não é possível a oposição juridicamente válida de qualquer instituto para impedir que a jurisdição alcance os seus objetivos e produza seus efeitos; d) a *indelegabilidade*: as atribuições do Judiciário somente podem ser exercidas, segundo a discriminação constitucional, pelos órgãos do respectivo poder, por meio de seus membros legalmente investidos, sendo proibida a abdicação dessas funções em favor de órgãos legislativos ou executivos".

[221] Cabe esclarecer que a relação jurídico-processual-contenciosa é formada por um sujeito principal imparcial, o juiz, e por dois sujeitos, também principais, mas parciais, autor (es) e réu (s). Na relação jurídico-processual-voluntária, em que não há lide (conflito), os sujeitos principais não-imparciais são denominados de interessados. Impõe-se ainda lembrar que na jurisdição contenciosa é assegurado ao Ministério Público exercer o direito de ação (art. 81 do CPC), enquanto na jurisdição voluntária a iniciativa para desencadear o devido procedimento (art. 1.104 do CPC).

[222] LACERDA, Galeno. *Op. cit.*, p. 77-78, a este respeito, mais detalhadamente assim explica sua posição: "Ao lado desses processos [relativos à jurisdição contenciosa], outros existem em que o juiz em regra não manifesta nenhum poder jurisdicional, como, p. ex., o inventário, a ação de divisão de terras, a habilitação para o casamento, a separação por mútuo consentimento. Ao lado da função típica do poder judiciário, função contenciosa ou jurisdicional, há outra voltada para os processos onde inexiste conflito de interesses. É a jurisdição graciosa, também denominada voluntária ou administrativa, porém, impropriamente chamada jurisdição. As partes concordam *a priori*, mas é necessária a presença do magistrado, a título apenas *ad solemnitatem* do ato. A lei poderia ter disposto que o casamento fosse realizado perante o escrivão, que a partilha o fosse por escritura pública. Nos atos de jurisdição graciosa não há

se caracteriza como atividade jurisdicional, em face da inexistência de conflito de interesses a ser dirimido.

Contudo, essa linha de pensamento preconizada por Galeno Lacerda somente tem razão de ser no campo doutrinário, e mesmo assim parece ser minoritária, ao que tudo indica, mormente em face da observação, feita por José Maria Rosa Tesheiner,[223] de que há a tendência de a jurisdição voluntária, modernamente, ser considerada jurisdicional, a exemplo da chamada jurisdição contenciosa.

Portanto, levando em conta o sistema processual vigente, a atividade jurisdicional, para ser iniciada e desenvolver-se, pressupõe a presença de um sujeito imparcial, investido na função jurisdicional, que irá exercê-la; e ainda, a existência de uma postulação deduzida por um ou mais autores (jurisdição contenciosa), ou então por um ou mais interessados (jurisdição voluntária), conforme se infere do que dispõem os arts. 1º e 2º do CPC.

Assim, pelo direito processual brasileiro, os atos praticado pelo juiz, no campo da jurisdição voluntária ou graciosa, devem ser considerados também como jurisdicionais.

Entendimento em sentido contrário vai na contramão do que dispõe o art. 1º do CPC.

Impõe-se ainda registrar que a atividade jurisdicional, se, por um lado, para ser desenvolvida, pressupõe a iniciativa de um sujeito (parte ou interessado) que a provoque, de outro lado, depois disso, ela se desenvolve por impulso do sujeito imparcial, o juiz (art. 262 do CPC).

3. Inteligência de atividade administrativa

A atividade administrativa é uma manifestação de soberania do Estado, a exemplo do que ocorre com a jurisdicional, exercida predominantemente pelo Poder Executivo, considerando que os Poderes Judiciário e Legislativo também a desempenham, embora não como regra.

E isso porque, sabidamente, a atividade por excelência desenvolvida pelo Poder Legislativo é a *legislativa* (elaborar leis), enquan-

---

efeito de coisa julgada. Tais atos podem ser impugnados dentro do prazo prescrito, mediante qualquer ação ordinária. Esta é a distinção essencial".

[223] TESHEINER, José Maria Rosa. *Elementos para uma teoria geral do processo. Op. cit.*, p. 73.

to ao Poder Judiciário é reservada a *jurisdicional* (decidir a respeito de postulações que lhe são submetidas).

Ao tratar da atividade administrativa, desta forma Diogenes Gasparini[224] a conceitua: "Assim, a atividade administrativa é a gestão, nos termos da lei e da moralidade administrativa, de bens, interesses e serviços públicos visando o bem comum".

Considera esse administrativista[225] que o fim da atividade administrativa será sempre o interesse público[226] ou bem da coletividade.

De outro lado, preleciona Ovídio Araújo Baptista da Silva[227] que, no desenvolvimento da atividade administrativa, o administrador tem como limite de sua ação a lei, tendo como objetivo não somente aplicá-la ao caso concreto, mas buscar a realização do bem comum, conforme dispuser o direito objetivo.

4. Atividade jurisdicional diferenciada

Considerando as peculiaridades que caracterizam a ação civil pública, torna-se forçoso reconhecer que a atividade jurisdicional nela exercida não assume uma natureza tão-somente jurisdicional.

Com efeito, de um exame mais minudente da ação civil pública, mormente levando em conta o provimento jurisdicional nela buscado e ainda o seu objeto mediato, advém a constatação de que essa atividade não fica circunscrita à jurisdicional tradicional.

---

[224] GASPARINI, Diogenes. *Op. cit.*, p. 56.

[225] *Ibidem*, p. 56.

[226] FARIA, José Eduardo. A definição do interesse público. *In*: SALLES, Carlos Alberto (Org.). *Processo civil e interesse público*: o processo como instrumento social. São Paulo: Revista dos Tribunais, 2003. p. 79, vê o interesse público sob a seguinte ótica: "É evidente que a questão do interesse público pode ser pensada desde o Direito Romano e que na modernidade liberal burguesa houve algumas vertentes voltadas à conceituação de interesse público, cabendo destacar uma vertente kantiana e outra utilitarista, procedimental. O que me interessa, no entanto, é pensar o conceito de interesse público dentro de uma outra perspectiva, mais sociológica, que procura de certo modo identificar no interesse público o conceito que tem por finalidade funcionar como uma espécie de princípio totalizador dos interesses tutelados pelo direito. Em outras palavras, o interesse público tem, acima de tudo, uma função pragmática. Trata-se de um conceito que permite ao direito filtrar os diferentes valores em confronto na vida social, alcançando uma idéia de fechamento e acabamento lógico daqueles valores majoritariamente por parte da sociedade".

[227] SILVA, Ovídio Araújo Baptista da. *Curso de processo civil*. 4. ed. São Paulo: Revista dos Tribunais, 1998. p. 40.

O juiz vai mais além. Para atender ou desatender as pretensões deduzidas em juízo, há necessidade de um exame mais acurado de matérias que, em regra, até então costumam ser enfrentadas e decididas no âmbito da atividade administrativa.

Estavam afetas essas matérias, historicamente – como ainda continuam –, à deliberação político-administrativa do Poder Público, no caso, o Poder Executivo.

Exemplo disso são as decisões administrativas relacionadas com: a) o aumento de vagas em escolas; b) a construção de obras necessárias à preservação do meio ambiente; c) o aumento de leitos em hospitais; d) a adoção de medidas visando à melhoria do serviço público, etc.

Contudo, à medida que se passou a admitir a ação civil pública para tutelar interesses coletivos *lato sensu*, interesses sociais e individuais indisponíveis, e com a consagração do princípio da inafastabilidade da jurisdição (art. 5º, XXXV, CF), agora de forma mais abrangente, a atividade jurisdicional aí exercida passou assumir outra dimensão.

Essa outra dimensão passa pela prévia constatação de que, em razão disso, o juiz, ao apreciar os novos conflitos gerados pelo não-atendimento desses interesses, com matriz constitucional ou infraconstitucional, muitos deles envolvendo direitos de 2ª ou 3ª dimensão, para torná-los efetivos ou negá-los, necessariamente deverá incursionar por áreas até então tradicionalmente ocupadas pela atividade administrativa.

Isso implica dizer que a atividade jurisdicional, nesse novo campo de atuação, assumiu nova roupagem. Deixou de ser vista na sua moldura jurídico-tradicional-clássica, para converter-se numa *atividade jurisdicional diferenciada*, em que o juiz está legitimado, pela ordem constitucional, não somente a exercer aquela, mas também a *atividade administrativa com reservas*.

Com efeito, há ainda um espaço, próprio da atividade administrativa, em que não pode o juiz adentrar, sob pena de violação do princípio da separação dos Poderes (art. 2º da CF).

Esse espaço, atualmente, é muito pequeno.

Sua redução deve-se a dois fatores básicos: *a*) à ampliação do objeto de tutela da ação civil pública, de base constitucional ou infraconstitucional, esta autorizada por aquela (art. 129, IX, da CF); e *b*) à ampliação, também, do princípio da inafastabilidade da jurisdição, ao dispor, a atual Constituição, que *a lei não excluirá da apreciação do Poder Judiciário lesão ou ameaça a direito* (art. 5º, XXXV, da CF), ao

Ação Civil Pública

contrário do que dispunha a Constituição Federal de 1967, com a Emenda de 1969, em que esse princípio era invocado somente para as hipóteses de lesão a direito individual (art. 153, § 4°, da CF).

Assim, enquanto pela Constituição Federal de 1988 a invocação do princípio da inafastabilidade da jurisdição pode sempre ser suscitado quando houver qualquer ameaça ou lesão a direito, vale dizer: a qualquer direito; a de 1967, com a Emenda Constitucional de 1969, adotou um alcance mais restrito desse princípio.

Afora isso, há um outro aspecto que não pode ser desconsiderado.

No momento em que a ação civil pública teve o seu objeto ampliado, e passou a ser também um instrumento processual-constitucional – uma *garantia fundamental repressiva* – e o § 1° do art. 5° estabeleceu que "As normas definidoras dos direitos e garantias fundamentais têm aplicação imediata", isto fez com o que o juiz, ao apreciar postulações reivindicatórias desses direitos, necessariamente viesse a incursionar por temáticas tradicionalmente afetas à atividade administrativa. Caso contrário, o juízo de cognição aí feito mostrar-se-ia incompleto. Afora isso, o ato decisório pecaria por uma fundamentação que não corresponderia à verdade, porquanto não retrataria as motivações inerentes à atividade administrativa, que levaram o juiz realmente a formar o seu convencimento.

Impensável que o juiz, v.g. ao atender uma postulação reivindicatória de um direito de 2° dimensão, a maioria deles de baixa densidade normativa, não se veja também obrigado a analisar questões afetas às políticas públicas para deferi-la ou não.

Igualmente impensável que o juiz, ao desempenhar sua atividade jurisdicional, ao apreciar um pedido de construção de uma obra tida como necessária à preservação do meio ambiente, não necessite incursionar pelo campo das políticas estabelecidas pelo Poder Executivo, no que se refere à área ambiental.

Também impensável que o juiz, ao deparar-se com uma postulação que pretenda compelir o Poder Público a dotar o serviço de transporte urbano de mais ônibus, porque os existentes não atendem a demanda, o que leva a sua ineficiência, não tenha de examinar aspectos relacionados com as políticas públicas que vêm sendo adotadas no campo do transporte viário.

Por aí já se pode chegar a algumas constatações.

Não é em toda e qualquer ação civil pública – considerando que várias são as suas modalidades – que a atividade jurisdicional nela desenvolvida será considerada *diferenciada*.

Assim, v.g., na ação civil pública em que se busca a interdição de determinada pessoa (art. 1.177, III, do CPC); a que objetiva a nulidade de casamento (art. 1.549 do CC); ou a que desencadeia procedimento de jurisdição voluntária (art. 1.104 do CPC), a atividade aí desenvolvida é tipicamente jurisdicional. O juiz, ao apreciar a pretensão que lhe foi endereçada, não necessita incursionar por áreas afetas à tradicional atividade administrativa.

Em outras situações, contudo, o conflito não teria condições de ser dirimido em toda a sua extensão sem que o juiz exercesse uma atividade jurisdicional invasiva no terreno da atividade administrativa.

Isso se verifica, v.g., quando o magistrado, ao se deparar com uma postulação, num juízo de cognição plena e exauriente, para acolhê-la ou rejeitá-la, precisará examinar aspectos que envolvem políticas públicas, ou as preferências demonstradas pela sociedade em áreas referentes à educação infantil, à saúde pública, à preservação ambiental, à prestação de serviços públicos, etc. Aqui, o juiz passa a examinar não somente aspectos relacionados com a ordem jurídica vigente, mas vai além; avalia e projeta sua decisão também no rumo do que é melhor para a sociedade e pondera qual dos interesses em conflito que, se preservado, atende as reivindicações da maioria da sociedade, tarefa tradicionalmente própria de quem exerce atividade administrativa.

É nestas situações, e não naquelas, que a atividade jurisdicional assume uma outra feição. Ela deixa de situar-se tão-somente no terreno da atividade jurisdicional tradicional, espaço mais estreito de investigação judicial, para assumir uma outra dimensão, mais invasiva, a fim de alcançar também um outro, que costumeiramente era reservado à atividade administrativa, a cargo do Poder Executivo.

Quando isso ocorre, a atividade jurisdicional torna-se *diferenciada*, assume um misto de atividade jurisdicional mais atividade administrativa.

Passa a ser, em essência, uma *atividade jurisdicional-administrativa*; portanto, *diferenciada*.

Essa constatação não assume relevância apenas no plano acadêmico-doutrinário.

Ela vai mais longe, projetando novas implicações.

Primeiramente no plano da conscientização. O relacionamento institucional deve ter presente essa nova realidade: o Judiciário, cada vez mais, está a adentrar em campo que tradicionalmente não lhe era dado penetrar, mas não em todo e qualquer campo do espaço historicamente próprio e reservado à atividade administrativa; há, ainda, um terreno indevassável, conforme acima exposto, sob pena de haver afronta ao princípio da separação dos Poderes.

Essa conscientização ajuda no relacionamento institucional. Em primeiro lugar porque permite uma tomada de consciência de que aumentou o espaço invasivo da atividade jurisdicional e, inobstante tenha sido preservado o espaço em que se dá a atividade administrativa, a maior parte dele, agora, é passível de sindicação judiciária. Em segundo lugar, porque com isso se evitam eventuais antagonismos entre Poderes e se mantém hígido o princípio da harmonia entre eles, imprescindível à preservação do Estado Democrático de Direito.

De outro lado, com isso o juiz tem de prover-se de muito mais conhecimento, pois passa a apreciar ações civis públicas em que se veiculam as mais diferentes pretensões, agora também de natureza política.[228]

Logo, em tais situações, a concessão, ou não, do bem jurídico buscado passa por prévio juízo de avaliação, envolvendo aspectos relacionados com a atividade administrativa, v.g., (in)execução de políticas públicas em determinada área ou questões de natureza orçamentária (falta de previsão ou insuficiência de recursos), causas costumeiramente invocadas pelo Poder Público como determinantes do não-atendimento de prestações a que está obrigado e que não honrou para com pessoas, que, por isso mesmo seriam titulares de direito público subjetivo, a ser exercido frente a ele.

Afora isso, por desempenhar agora essa nova atividade jurisdicional, tida aqui como *diferenciada*, o juiz deve agir com inegável obstinação, mas com criteriosa postura, marcada pelo bom-senso e equilíbrio, e em juízo de cognição mais ampla sobre o direito posto em causa.

Não deve o julgador ser precipitado, a ponto de vir a causar sério gravame ao interesse público quando deferida a postulação em favor, v.g., de uma única pessoa em detrimento da coletividade. Tampouco deve agir com demasiada parcimônia a ponto de vir a causar sério e irreparável prejuízo a um interesse individual, tido como indisponível, no afã de se preocupar, em demasia, em estar

---

[228] LOPES, José Reinaldo de Lima. A definição do interesse público. *In*: SALLES, Carlos Alberto (Org.). *Op. cit.*, p. 91, assim explica o progressivo processo de judicialização da política: "Uma segunda coisa a destacar no Brasil dos últimos 15 anos é uma crescente judicialização da política, que me parece ter um componente muito específico, que se explica em parte porque durante muitos anos estiveram bloqueados os canais de participação política no Parlamento e no Executivo; logo, foi uma estratégia de vários movimentos democráticos judicializar a política para debater publicamente questões que não apareceriam nos outros canais".

supostamente infringindo, com a sua decisão, o princípio da separação dos Poderes.

Em tais situações, antes de conceder a tutela definitiva, deve ser permitido ao magistrado, em face do direito posto em causa, e da amplitude eficacial de sua decisão, realizar uma audiência em que procure ouvir não somente o demandante e o representante do Poder Público, mas chamar todos os *experts*, em busca de esclarecimentos, e ouvir segmentos da população, considerando as repercussões que sua decisão possa causar não somente às partes, mas a todas as pessoas por ela atingidas.

Tal audiência poderá assumir até mesmo a dimensão de uma verdadeira *audiência pública global*,[229] desde que isso não implique tumulto processual, que deve ser evitado, sob pena de o processo, ao invés de constituir instrumento de afirmação da função jurisdicional e de pacificação social, converter-se em obstáculo à efetivação de direitos.

---

[229] Considerando que as decisões judiciais, quando estão a dirimir esses novos conflitos, objeto de tutela por ação civil pública, principalmente envolvendo direitos de 2ª e 3ª dimensão, acabam por irradiar eficácia direta não somente no plano orçamentário-financeiro da Administração Pública, mas, muitas vezes, de forma direta ou indireta, também produzem efeitos difusos, em inúmeras pessoas, não se pode descartar a hipótese de o juiz realizar uma audiência mais abrangente, aqui denominada de *audiência pública global*, permitindo que todas as pessoas eventualmente atingidas por sua decisão possam manifestar-se a respeito do caso *sub judice*. É como forma de evitar tumulto processual, que seriam ouvidos os representantes de sindicados ou de associações, a que essas pessoas estivessem associadas. Com isso, o magistrado judicializa as mais diferentes visões sobre o caso, o que lhe permite formar um convencimento sólido, decorrente de uma cognição bem ampla, e, em conseqüência, a decisão judicial assume um patamar de maior legitimidade.

Ação Civil Pública

Parte VII

Classificação da Ação Civil Pública em razão do seu objeto mediato

1. Considerações iniciais

Cabe neste capítulo analisar o alcance da atividade jurisdicional no âmbito da ação civil pública em razão do seu objeto mediato, ou seja, o bem da vida que se deseja obter com o provimento jurisdicional. O objeto imediato, por sua vez, consiste no tipo de provimento jurisdicional que se pretende obter em termos de tutela definitiva, v.g., sentença declaratória, condenatória ou constitutiva.

Sendo assim, é possível constatar que há situações, em razão do objeto mediato buscado em juízo, em que a atividade jurisdicional tem um alcance ilimitado; noutras ela sofre limitação *parcial*, e, por fim, existem aquelas em que o exercício da atividade está totalmente vedado; é, portanto, aqui que se diz ser o seu alcance *totalmente* limitado.

Em razão disso, cabe analisar cada uma dessas situações.

2. Ação Civil Pública de alcance ilimitado da atividade jurisdicional

Em primeiro lugar, cabe destacar que não há limites para o exercício da atividade jurisdicional quando figurar no pólo passivo da relação jurídico-processual pessoa que não pertença à Administração Pública.

Inexiste no direito positivo brasileiro qualquer óbice que justifique alguma preocupação a este respeito; nem de natureza legal, muito menos de natureza político-institucional.

Ação Civil Pública

Quando figurar no pólo passivo da relação jurídico-processual a Administração Pública, aí, sim, começam a surgir as preocupações.

Elas, no entanto, deixam de ter sentido quando o objeto mediato buscado consiste em obter a declaração de que um bem público deve ser considerado de valor histórico; ou que um contrato deve ser desfeito porque lesivo ao consumidor ou ao meio ambiente, se vier a ser efetivado; bem assim quando pretender impedir a Administração Pública de nomear e dar posse a pessoas aprovadas em concurso público, supostamente realizado de forma ilegal.

Em tais situações, o juiz desempenha atividade jurisdicional típica, sem precisar adentrar espaço reservado, de algum modo, à atividade administrativa.

Logo, a atividade jurisdicional aí desempenhada pelo juiz é ilimitada.

Isso não significa, por óbvio, que o juiz vá decidir segundo o seu juízo pessoal, filosófico, religioso, sentimental ou de outra ordem. Ele terá de levar em conta o direito objetivo aplicável ao caso *sub judice*. Contudo, na ausência de normas legais, isso não é motivo para não decidir ou deixar de despachar; ele deverá recorrer à analogia, aos costumes e aos princípios gerais de direito (art. 126 do CPC).

O provimento jurisdicional, nessas situações, terá assim perfeitas condições de enfrentar o mérito da causa, dirimindo o conflito com base em uma das hipóteses preconizadas pelo art. 269 do CPC, desde que presentes os pressupostos processuais e as condições da ação e inexistindo impedimentos.

A questão de natureza processual mais delicada, que poderia ser suscitada, e que ensejaria a extinção do processo sem resolução do mérito, diz respeito à falta de uma das condições, a possibilidade jurídica do pedido (art. 267, VI, do CPC). E isso porque se poderia alegar que o provimento jurisdicional, ao conceder o objeto mediato, estaria invadindo área indevassável, afeta a outro poder, a quem caberia deliberar sobre tal prestação, sendo por isso mesmo imune à sindicação judiciária, sob pena de afronta ao princípio da separação dos Poderes (art. 2º da CF).

No entanto, aqui tal argumentação não tem razão de ser. A atividade jurisdicional pode perfeitamente ser desenvolvida, porquanto inexiste qualquer afronta ao princípio da separação dos Poderes. O juiz desenvolve atividade jurisdicional típica, sem necessidade de, em qualquer momento, adentrar o território onde se desenvolve a atividade administrativa, mormente considerando o objeto mediato buscado.

O juiz, nessas situações acima aventadas, desenvolve sua atividade com base no que preceitua o art. 5º, XXXV, da CF. Em nenhum momento deve preocupar-se em estar invadindo espaço reservado a outro poder.

Por isso, a atividade jurisdicional aí é ilimitada.

3. Ação Civil Pública de alcance limitado da atividade jurisdicional

Há situações em que o bem da vida buscado em ação civil pública pode ser atendido; em outras, no entanto, isso não é possível, por afronta ao princípio da separação dos Poderes.

Este, seguramente, é o terreno mais delicado. De um lado, porque nem sempre é possível diagnosticar, com precisão aritmética, até que ponto a atividade jurisdicional pode ser desenvolvida, mesmo adentrando o território tradicionalmente cometido à atividade administrativa, o que atualmente é possível, em face do alargamento dado ao princípio da inafastabilidade da jurisdição e do alcance que ostenta a ação civil pública, mas com o risco de que, com isso, possa a atividade jurisdicional aí exercida estar infringindo o princípio da separação dos Poderes; de outro, eventual vacilação judiciária poderá representar recuo irreparável em detrimento da efetivação de interesses legalmente protegidos.

Em razão disso, é preciso dizer que, em determinados casos a atividade jurisdicional pode ser desenvolvida, mesmo adentrando em terreno que, em regra, é próprio da atividade administrativa.

Com efeito, sempre que a ação civil, v.g., busca uma condenação de fazer, e o seu objeto mediato ainda não foi entregue, por inação estatal, sob pretexto de ainda não ter sido implementada a respectiva política pública, nada impede que o juiz examine tal causa alegada como óbice a impedir a fruição do bem almejado.

É perfeitamente possível, assim, que a atividade jurisdicional examine não somente essa causa que está a impedir a concessão do bem da vida buscado, mas também vá além, perquirindo todos os aspectos com ela relacionados, que possam ter gerado a mora estatal.

Contudo, não é de ser admitida a atividade jurisdicional, naquele pequeno espaço ainda reservado exclusivamente à atividade administrativa, em que lhe cabe decidir quanto ao modo e à forma como vão ser desdobradas as políticas políticas ou o *modus operandi* que adotará para a concessão do bem da vida. Aqui, nestes pontos, a atividade administrativa mostra-se indevassável, insuscetível de ingerência judiciária.

Em razão disso é que se advogada o entendimento de que a atividade jurisdicional é limitada. O magistrado, ao avaliar uma pretensão deduzida em ação civil pública, pode conceder o objeto mediato, mas nos limites em que a atividade jurisdicional pode ser exercida. Não poderá entregar a prestação jurisdicional reinvindicada naqueles aspectos que impliquem invasão indevida de área afeta a outro poder, razão por que, nestes pontos, o pedido deverá ser considerado juridicamente impossível,[230] por afronta ao princípio da separação dos Poderes, ensejando a extinção do processo sem resolução de mérito (art. 267, VI, do CPC). Quanto ao restante dos pedidos, o processo terá condições de prosseguir.

Por isso é que a atividade jurisdicional aqui é limitada: ela poderá ser exercida livremente, sem afronta ao princípio da separação dos Poderes, mas não poderá adentrar aquele território considerado indevassável, pois ainda reservado à atividade de outro Poder.

4. Ação Civil Pública de alcance vedado à atividade jurisdicional

A atividade jurisdicional não poderá ser exercida em ação civil pública quando o objeto mediato, para ser atendido, consistir em invasão de território no qual o exercício da atividade administrativa ou legislativa não pode ser impedido.

---

[230] ARAGÃO, Egas Dirceu Moniz de. *Comentários ao Código de Processo Civil*. 9. ed. Rio de Janeiro: Forense. 2000. v. II. p. 395-396, assim enuncia sua idéia a respeito de possibilidade jurídica do pedido: "... parece que o verdadeiro conceito da possibilidade jurídica não se constrói apenas mediante a afirmação de que corresponde à prévia existência de um texto que torne o pronunciamento pedido admissível em abstrato, mas, ao contrário, tem de ser examinado mesmo em face da ausência de uma tal disposição, caso em que, portanto, essa forma de conceituá-la seria insuficiente". E prossegue: "Sendo a ação o direito público subjetivo de obter a prestação jurisdicional, o essencial é que o ordenamento jurídico não contenha uma proibição ao seu exercício; aí, sim, faltará a possibilidade jurídica. Se o caso for de ausência de um preceito que ampare em abstrato o pronunciamento pleiteado pelo autor, ainda não se estará, verdadeiramente, em face da impossibilidade jurídica".

Assim, incabível pretender, mediante ação civil pública, a pretexto de que um projeto de lei seja lesivo aos interesses sociais (art. 129, III, da CF), ver obstada sua tramitação legislativa; ou, ainda, impedir ou tornar sem efeito veto oposto a projeto de lei pelo chefe do Poder Executivo, porque, com isso, a futura lei poderá tornar-se lesiva ao meio ambiente.

Nessas situações, a atividade jurisdicional não poderá ser exercida, porque, se o fosse, haveria quebra do princípio da separação dos Poderes. O Poder Judiciário estaria invadindo, indevidamente, espaço reservado à atividade de outros Poderes, portanto insuscetível de sindicação judiciária.

Embora eventualmente nobres e respeitáveis as causas de pedir, o objeto mediato, se atendido, implicaria ofensa a esse princípio, o que determinaria a impossibilidade jurídica do pedido, devendo já no início o juiz indeferir a petição inicial por inepta (art. 295, I, combinado com o seu parágrafo único, III, do CPC), o que implica a extinção do processo sem resolução de mérito (art. 267, I, do CPC).

Aqui, por mais louváveis que sejam os fundamentos invocados em ação civil, não se poderá impedir o desenvolvimento e a consumação da atividade legislativa ou administrativa quando os Poderes Legislativo e Executivo as exercem no âmbito de suas competências constitucionais, como nas hipóteses dos arts. 48, 49, 51, 52 e 84 da CF.

Por isso, nessas situações, é vedada a atividade jurisdicional para alcançar o objeto mediato pretendido em ação civil pública, sob pena de afronta ao princípio da separação dos Poderes, pois ele diz respeito à órbita de exclusiva deliberação dos Poderes Legislativo ou Executivo.

É bem verdade que, consumado o ato, legislativo ou executivo, ele poderá ser atacado por *ação civil pública constitucional* (ação direta de inconstucionalidade), por suposta violação a normas constitucionais (art. 103, VI, da CF). Essa mesma ação poderá ser ajuizada pelo Procurador-Geral de Justiça, perante o Tribunal de Justiça do Estado, quando o ato praticado, estadual ou municipal, contrariar norma constante da Constituição do respectivo Estado.

Considerações finais

A ação civil pública deve ser conceituada levando em conta a qualidade da parte que a promove, e não a natureza da relação de direito material litigiosa posta em juízo. Em razão disso, somente deverá ser considerada ação civil pública aquela que for ajuizada por um ente público; não por qualquer um, mas pelo Ministério Público, basicamente levando em conta a sua origem e previsão no plano topográfico-constitucional, onde está prevista na Seção que trata desta Instituição.

A ação civil pública, considerando o seu desenvolvimento ocorrido no plano do direito positivo brasileiro, pode ser classificada, no plano topográfico-normativo, em ações civis públicas constitucionais (previstas na Constituição Federal) ou infraconstitucionais (com assento em leis ordinárias ou extravagantes); estas têm como espécies: a) a ação civil pública matriz (Lei nº 7.347/85); b) as ações civis públicas derivadas; e c) as ações civis públicas inominadas.

A ação civil pública, na maioria de suas modalidades, constitui instrumento processual de fomento do exercício da cidadania.

A *ação civil pública matriz* foi o primeiro remédio jurídico concebido pelo legislador com a deliberada intenção de tutelar interesses difusos e coletivos; antes dela, contudo, a ação popular já vinha cumprindo, de forma esporádica, essa missão, notadamente em relação ao patrimônio público e cultural.

A ação civil pública que veicula pretensões materiais envolvendo interesses coletivos *lato sensu* possui alta carga de interesses políticos, sociais e econômicos em discussão. Por isso, ao longo dos anos, vem-se observando uma tentativa de brecar sua utilização, numa demonstração inequívoca de que os outros Poderes não pretendem ver tais temáticas resolvidas por um único instrumento processual, o que é lamentável, pois com isso há incentivo ao ajuizamento de inúmeras demandas individuais, a provocar uma acentuada sobrecarga de processos em juízos e tribunais, o que contribui para a mora judicial e vem, por conseqüência, em detrimento da efetivação do princípio da celeridade na entrega da prestação jurisdicional (art. 5º, LXXVIII, da CF).

A vedação imposta pelo parágrafo único do art. 1º da Lei nº 7.347/85, que impossibilita seu ajuizamento quando tiver por objeto temática referente a tributos, contribuições previdenciárias, Fundo de Garantia do Tempo de Serviço – FGTS – ou outros fundos de natureza institucional, cujos beneficiários podem ser individualmente determinados, representa retrocesso incompreensível e censurável, pois com isso a tutela coletiva *lato sensu* sofre duro golpe.

A ação civil pública também pode veicular pretensões que envolvam direitos fundamentais; quando isto ocorre, ela deve ser considerada uma *garantia fundamental repressiva.*

Nos casos em que a ação civil pública se destina a tutelar direitos fundamentais, qualquer restrição que vise a impedi-la de tutelá-los, seja por lei, seja por emenda à Constituição, deve ser considerada inconstitucional, pois em tais situações ela constitui uma *garantia fundamental repressiva* e, em razão disso, é inadmissível qualquer deliberação legislativa tendente a brecar sua utilização nesse campo (art. 60, § 4º, IV, da CF).

A atividade jurisdicional, na ação civil pública, não somente é exercida a partir da sua propositura , mas pode alcançar também a sua fase pré-processual.

A denominada *fase pré-processual da ação civil pública* se dá com a instauração, desenvolvimento e término do inquérito civil, bem como com eventual ocorrência de compromisso de ajustamento; ambos se submetem a controle interno, feito pelo Conselho Superior do Ministério Público, bem como a controle realizado pelo Poder Judiciário, desde que provocado.

Os atos praticados na *fase pré-processual da ação civil pública* são de natureza administrativa. A atividade jurisdicional pode aí manifestar-se, quer em mandado de segurança, quando o ato praticado for ilegal, ou realizado com abuso de poder, quer em *habeas corpus,* quando ele, realizado de forma ilegal ou com abuso de poder, represente ameaça, ou já esteja a causar violência ou coação, à liberdade de locomoção de alguém chamado para aí ser ouvido.

O inquérito civil é instrumento de investigação do Ministério Público (art. 129, III, da CF); em conseqüência, qualquer lei que vier permitir a sua instauração por outro ente estatal ou pessoa jurídica de direito privado, ou então pessoa física, deve ser considerada inconstitucional.

O inquérito civil, dado o seu caráter inquisitorial, não se submete ao princípio do contraditório, tampouco ao da ampla defesa.

Os atos praticados no inquérito civil que contrariarem suas normas regulamentadoras, v.g., resoluções ou provimentos, devem ser considerados ilegais sob o ponto de vista material, pois sob o formal não o são, uma vez que não passaram pelo crivo do Poder Legislativo, não se podendo assim falar em lei.

O compromisso de ajustamento somente pode ser formalizado perante um órgão público legitimado para o ajuizamento de ação civil pública ou coletiva; pode ser realizado tanto na esfera extrajudicial quanto na judicial.

O compromisso de ajustamento tem a natureza jurídica de *transação atípica*. Pode ser totalmente ilegal, quando todas as suas disposições contrariarem as normas de conduta a que o infrator deva submeter-se; será parcialmente ilegal, quando apenas algumas delas dispuserem contrariamente a essas normas.

A via adequada para tornar sem efeito a homologação de *compromisso de ajustamento judicial* é a ação rescisória (art. 485, VIII, do CPC), pois o juiz, ao realizar tal homologação, não se limita a praticar um ato meramente formal, levando em conta a vontade das partes, uma vez que vai mais além, devendo, antes disso, avaliar se ele foi formalizado de acordo com as disposições legais, o que envolve, muitas vezes, questões relacionadas com o mérito da causa. Em se tratando de compromisso de ajustamento que encerre caso de transação típica, não deve ser homologado, pois os órgãos públicos legitimados a realizá-lo não têm disponibilidade quanto ao seu objeto material.

Nos conflitos de massa, há que ser mais flexível quanto à temática referente à legitimidade ativa, ao contrário do que ocorre nos conflitos intersubjetivos, em que ela segue a linha mais rígida.

O Ministério Público está legitimado a defender em juízo direitos individuais homogêneos, quando caracterizada situação configuradora de interesse social, o que ocorre em razão da relevância da relação de direito material posta em juízo ou do número significativo de titulares lesados, mesmo que em tais situações não se configure relação de consumo.

A Lei nº 11.448, de 15 de janeiro de 2007, que modificou o art. 5º da Lei nº 7.347/85, conferindo legitimidade à Defensoria Pública para ajuizar demanda coletiva na defesa de interesses difusos, coletivos *stricto sensu* e individuais homogêneos é inconstitucional, pois ela exorbita das funções constitucionais dessa Instituição, que estão restritas à defesa dos necessitados (art. 134, *caput*, da CF), não podendo assim alcançar outras esferas de tutela que, em razão da natureza jurídica dos interesses a serem protegidos, impliquem defesa de quem não é necessitado. Diante disso, somente uma *interpretação conforme* poderia salvar essa Lei da inconstitucionalidade, mas, neste caso, em sendo a *interpretação conforme sem redução do texto*, com o sério risco de por em xeque os conceitos de interesses difusos, coletivos *stricto sensu* e individuais homogêneos.

Não há limites para o exercício da atividade jurisdicional quando figurar no pólo passivo da relação jurídico-processual pessoa que não pertença à Administração Pública, no que se refere a eventual afronta ao princípio da separação dos Poderes. Tal preocupação somente tem razão de ser investigada quando o figurante do pólo passivo, em ação civil pública, for o Poder Público.

É nas ações civis públicas que envolvem obrigação de fazer que, em regra, surgem as maiores preocupações de a atividade jurisdicional desenvolvida estar invadindo território indevassável, pois as deliberações aí tomadas podem ter sido reservadas unicamente a outro poder, caso em que descabe ingerência do Poder Judiciário.

É cada vez menor o espaço em que a atividade, exercida por outro poder, especialmente a administrativa, se mostra insuscetível de apreciação jurisdicional. Isso decorre, basicamente, do princípio da inafastabilidade da jurisdição, que foi acolhido de forma mais abrangente pelo legislador de 1988 (art. 5º, XXXV, da CF), ao contrário do que o fizera o de 1967; na Constituição anterior, ele alcançava tão-somente os *direitos individuais* (art 153, § 4º), enquanto na atual seu objeto foi ampliado para contemplar qualquer *lesão ou a ameaça a direito*. Afora isso, houve a constitucionalização da ação civil pública, com objeto de tutela amplo, na medida em que alcança os interesses coletivos *lato sensu*, os individuais indisponíveis, a ordem jurídica e o regime democrático.

Para a concessão de direitos ou a preservação de interesses, é possível o Poder Judiciário, ao examinar a tutela buscada, avaliar as políticas públicas aí adotadas, tidas como de implementação necessária pela Administração Pública para a outorga do bem jurídico buscado, sem que isso represente afronta ao princípio da separação dos Poderes.

É de se reconhecer como possível *a Intervenção Legitimadora Necessária do Poder Judiciário*, em temática reservada a outro Poder, sempre que este, ao não conceder direitos assegurados constitucionalmente, em especial os pertencentes à órbita dos direitos sociais, e constantes do núcleo pertencente ao mínimo existencial, o faz sob a alegação, especialmente, de falta de implementação de políticas públicas, quer por falta de previsão orçamentária, quer em razão de recursos insuficientes.

É constitucional a iniciativa do Ministério Público de instar os Poderes Executivo e Legislativo a preverem dotação orçamentária suficiente para a implementação de políticas públicas tidas como necessárias à concessão de direitos assegurados pela Constituição Brasileira, pois assim age na sua função de *ombudsman* (art. 129, II, da CF).

Na ação civil pública, a atividade jurisdicional pode emitir comando de fazer, mas não lhe é dado estendê-lo para alcançar a forma e o modo desse fazer, ressalvada sempre a hipótese de haver lei dispondo a respeitos destas circunstâncias, sob pena de afronta ao princípio da separação dos Poderes.

A atividade jurisdicional na ação civil pública é *diferenciada*. Contudo, somente naquelas modalidades de ação civil pública em que o juiz passa a examinar não somente aspectos relacionados com a ordem jurídica vigente, mas vai além, avaliando e projetando sua decisão também no rumo do que é melhor para a sociedade e ponderando qual dos interesses em conflito que, se preservado, atende as reivindicações da maioria da sociedade, examinando, ainda, aspectos relativos às políticas públicas que dizem respeito ao caso *sub judice*, tarefas tradicionalmente próprias de quem exerce atividade administrativa.

Dependendo do bem jurídico buscado em juízo, a atividade jurisdicional pode ser classificada de alcance vedado, ilimitado, ou limitado, quando figurar no pólo passivo da relação jurídico-processual o Poder Público.

Ação Civil Pública

Referências

ALEXY, Robert. *Teoría de los Derechos fundamentales.* Madrid: Centro de Estudios Políticos y Constitucionales, 2001.

ANDRADE, José Carlos Vieira de. *Os direitos fundamentais na Constituição portuguesa de 1976.* 3. ed. Coimbra: Almedina, 2004.

ARAGÃO, Egas Dirceu Moniz de. *Comentários ao Código de Processo Civil.* 9. ed. Rio de Janeiro: Forense, 2000. v. II.

ARISTÓTELES. *A política.* Tradução de: Roberto Leal Ferreira. São Paulo: Martins Fontes, 2002.

ÁVILA, Humberto. *Teoria dos princípios da definição à aplicação dos princípios jurídicos.* 5. ed. São Paulo: Malheiros, 2006.

BARCELLOS, Ana Paula. *A eficácia dos princípios constitucionais:* o princípio da dignidade da pessoa humana. Rio de Janeiro: Renovar, 2002.

BARROSO, Luís Roberto. *O Direito Constitucional e a efetividade de suas normas* – limites e possibilidades da Constituição brasileira. 8. ed. Rio de Janeiro: Renovar, 2006.

BASTOS, Celso Ribeiro. *Direito Público:* estudos e pareceres. São Paulo: Saraiva, 1998.

BENJAMIN, Antônio Herman de Vasconcellos e. A citizen action norte-americana e a tutela ambiental. *Revista de Processo*, São Paulo, n. 62, p. 61-78, abr./jun. 1991.

BOBBIO, Norberto. *A era dos direitos.* Tradução de: Carlos Nelson Coutinho; Apresentação de: Celso Lafer. Rio de Janeiro: Elsevier, 2004.

BONAVIDES, Paulo. *Curso de Direito Constitucional.* 6. ed. São Paulo: Malheiros, 1996.

BUCCI, Maria Paula Dallari. *Direito Administrativo e políticas públicas.* São Paulo: Saraiva, 2002.

BUENO, Cassio Scarpinella. *O poder público em juízo.* 3. ed. São Paulo: Saraiva, 2005.

CANOTILHO, José Joaquim Gomes. *Direito Constitucional e teoria da constituição.* 7. ed. Coimbra: Almedina, 2003.

CARVALHO FILHO, José dos Santos. *Ação civil pública:* comentários por artigo (Lei nº 7.347/85, de 24/7/85). 5. ed. Rio de Janeiro: Lumen Juris, 2005.

CHIOVENDA, Giuseppe. *Instituições de Direito Processual Civil.* Tradução de: Paolo Capitanio. Campinas: Bookseller, 1998. v. 2.

CINTRA, Antônio Carlos de Araújo; GRINOVER, Ada Pellegrini; DINAMARCO, Cândido Rangel. *Teoria geral do processo.* 7. ed. São Paulo: Revista dos Tribunais, 1990.

COMPARATO, Fábio Konder. *A afirmação histórica dos direitos humanos.* 3. ed. São Paulo: Saraiva, 2003.

CRETELLA JÚNIOR, José. *Comentários à Constituição brasileira de 1988.* Rio de Janeiro: Forense Universitária, 1988. v. 1.

CUNHA JÚNIOR, Dirley da. *Controle judicial das omissões do poder público.* São Paulo: Saraiva, 2004.

DIFINI, Luiz Felipe Silveira. *Proibição de tributos com efeito de confisco*. Porto Alegre: Livraria do Advogado, 2006.

DIMOULIS, Dimitri. Elementos e problemas da dogmática dos direitos fundamentais. *Revista da Ajuris*, Porto Alegre, v. 102, p. 112, jun. 2006.

DINAMARCO, Cândido Rangel. *Fundamentos do processo civil moderno*. 5. ed. São Paulo: Malheiros, 2002. Tomo I.

DINAMARCO, Pedro da Silva. *Ação civil pública*. São Paulo: Saraiva, 2001.

DWORKIN, Ronald. *Levando os direitos a sério*. Tradução de: Nelson Boeira. São Paulo: Martins Fontes, 2002.

FARIA, José Eduardo. A definição do interesse público. *In*: SALLES, Carlos Alberto (Org.). *Processo civil e interesse público*: o processo como instrumento social. São Paulo: Revista dos Tribunais, 2003.

FERRAZ, Anna Cândida da Cunha. *Conflito entre poderes*: o poder congressual de sustar atos normativos do poder executivo. São Paulo: Revista dos Tribunais, 1994.

FERRAZ, Antonio Augusto Melo de Camargo; MILARÉ, Édis; NERY JÚNIOR, Nelson. *Ação civil pública e a tutela jurisdicional dos interesses difusos*. São Paulo: Saraiva, 1984.

FERREIRA, Pinto. *Comentários à Constituição brasileira*. São Paulo: Saraiva, 1989. v. 1.

FERREIRA FILHO, Manoel Gonçalves. *Curso de Direito Constitucional*. 17. ed. São Paulo: Saraiva, 1989.

FLEINER-GERSTER, Thomas. *Teoria geral do estado*. Tradução de: Marlene Holzhausen. São Paulo: Martins Fontes, 2006.

FREITAS, Juarez. *O controle dos atos administrativos e os princípios fundamentais*. 3. ed. São Paulo: Malheiros, 2004.

FRONTINI, Paulo Salvador. *Ação civil pública e separação dos poderes do estado*. *In*: MILARÉ, Édis (Coord.). *Ação civil pública – Lei 7.347/85 – 15 anos*. São Paulo: Revista dos Tribunais, 2001.

GASPARINI, Diógenes. *Direito Administrativo*. 11. ed. São Paulo: Saraiva, 2006.

GONÇALVES, Marcus Vinicius. *Novo curso de Direito Processual Civil*. São Paulo: Saraiva, 2004. v. 1.

GOUVÊA, Marcos Maselli. *O controle judicial das omissões administrativas*: novas perspectivas de implementação dos direitos prestacionais. Rio de Janeiro: Forense, 2003.

GRECO FILHO, Vicente. *Direito Processual Civil brasileiro*. 19. ed. São Paulo: Saraiva, 2006. v. 1.

GRINOVER, Ada Pellegrini. Ações coletivas para a tutela do ambiente e dos consumidores (Lei nº 7.347, de 24.7.85). *Revista da Ajuris*, Porto Alegre, v. 36, p. 8, mar. 1985.

——. Significado social, político e jurídico da tutela dos interesses difusos. *Revista de Processo*, São Paulo, n. 97, p. 9-15, jan./mar. 2000.

GUASP, Jaime. *Derecho Procesal Civil*. 4. ed. Revisión y adaptación a la legislación vigente de: Pedro Aragoneses. Madrid: Civitas, 1998. Tomo I.

HARTMANN, Analúcia. A ação civil pública e a omissão na concretização das políticas públicas ambientais. *In*: ROCHA, João Carlos de Carvalho; HENRIQUES FILHO, Tarcísio Humberto Parreiras; e CAZETTA, Ubiratan (Orgs.). *Ação civil pública*: 20 anos da Lei n. 7.347/85. Belo Horizonte: Del Rey, 2006.

ISRAEL, Jean-Jacques. *Direito das liberdades fundamentais*. Tradução de: Carlos Souza. Barueri: Manole, 2005.

KRELL, Andreas J. *Direitos sociais e controle judicial no Brasil e na Alemanha*: os (des) caminhos de um direito constitucional "comparado". Porto Alegre: Sergio Antonio Fabris, 2002.

LACERDA, Galeno. *Teoria geral do processo*. Rio de Janeiro: Forense, 2006.

LEAL, Rogério Gesta. *O controle jurisdicional de políticas públicas no Brasil*: possibilidades materiais. *In*: SARLET, Ingo Wolfgang (Coord.). *Jurisdição e direitos fundamentais*. Porto Alegre: Livraria do Advogado, 2005. V. I. Tomo I.

——. *Perspectivas hermenêuticas dos direitos humanos e fundamentais no Brasil.* Porto Alegre: Livraria do Advogado, 2000.

LEIVAS, Paulo Gilberto Cogo. *Teoria dos direitos fundamentais sociais.* Porto Alegre: Livraria do Advogado, 2006.

LENZA, Pedro. *Teoria geral da ação civil pública.* São Paulo: Revista dos Tribunais, 2003.

LOCKE, John. *Segundo tratado sobre o governo.* Tradução de: Alex Marins. São Paulo: Martin Claret, 2005.

LOPES, José Reinaldo de Lima. *A definição do interesse público.* In: SALLES, Carlos Alberto (Org.). *Processo civil e interesse público:* o processo como instrumento social. São Paulo: Revista dos Tribunais, 2003.

MACHADO, Paulo Affonso Leme. *Ação civil pública (ambiente, consumidor, patrimônio cultural) e tombamento.* São Paulo: Revista dos Tribunais, 1986.

——. *Direito Ambiental brasileiro.* 2. ed. São Paulo: Revista dos Tribunais, 1982.

——. Separata de artigos. Urbanismo e Poluição. Editora Revista dos Tribunais, janeiro de 2007.

MALUF, Sahid. *Direito Constitucional.* 11. ed. São Paulo: Sugestões Literárias, 1979.

MANCUSO, Rodolfo de Camargo. *A ação civil pública como instrumento de controle judicial das chamadas políticas públicas.* In: MILARÉ, Édis (Coord.). *Ação civil pública* – Lei 7.347/85 – 15 anos. São Paulo: Revista dos Tribunais, 2001.

——. *Ação civil pública.* 6. ed. São Paulo: Revista dos Tribunais, 1999.

——. *Jurisdição coletiva e coisa julgada.* São Paulo: Revista dos Tribunais. 2006.

MARINONI, Luiz Guilherme. *Técnica processual e tutela dos direitos.* São Paulo: Revista dos Tribunais, 2004.

——. *Tutela inibitória:* individual e coletiva. 3. ed. São Paulo: Revista dos Tribunais, 2003.

MARQUES, José Frederico. *Manual de Direito Processual Civil.* 2. ed. São Paulo: Saraiva, 1974. v. 1.

MAZZILLI, Hugo Nigro. *A defesa dos interesses difusos em juízo:* meio ambiente, consumidor, patrimônio cultural, patrimônio público e outros interesses. 19. ed. São Paulo: Saraiva, 2006.

——. Defesa dos interesses difusos em juízo. *Revista do Ministério Público do Rio Grande do Sul,* Porto Alegre, v. 19, p. 34-35, 1986.

MEDINA, Paulo Roberto de Gouvêa. Aspectos da ação civil pública. *Revista de Processo,* São Paulo, n. 47, p. 218-226, jul./set. 1987.

MEIRELLES, Hely Lopes. *Direito Administrativo brasileiro.* 32. ed. Atualizada por Eurico de Andrade Azevedo, Délcio Balestero Aleixo e José Emmanuel Burle Filho. São Paulo: Malheiros, 2006.

MELLO, Celso Antônio Bandeira de. *Curso de Direito Administrativo.* 20. ed. São Paulo: Malheiros, 2006.

——. *Discricionariedade e controle jurisdicional.* 2. ed. São Paulo: Malheiros, 2000.

MELLO FILHO, José Celso. Ação civil pública. *Zero Hora,* Porto Alegre, 15 ago. 1985.

MILARÉ, Édis. *Ação civil pública na nova ordem constitucional.* São Paulo: Saraiva, 1990.

MIRANDA, Jorge. *Teoria do Estado e da Constituição.* Rio de Janeiro: Forense, 2005.

MONTESQUIEU, Charles Louis de Secondat, baron de la Brède et de. *O espírito das leis.* Tradução de: Fernando Henrique Cardoso e Leoncio Martins Rodrigues. Brasília: Universidade de Brasília, 1982.

MORAES, Alexandre de. *Direitos humanos fundamentais.* 4. ed. São Paulo: Atlas, 2002.

——. *Direito Constitucional.* 20ª ed. São Paulo: Atlas, 2006.

MORAIS, José Luis Bolzan de. *Do Direito Social aos interesses transindividuais:* o Estado e o Direito na ordem contemporânea. Porto Alegre: Livraria do Advogado, 1996.

MOREIRA, José Carlos Barbosa. A proteção jurisdicional dos interesses coletivos ou difusos. *In*: GRINOVER, Ada Pellegrini (Coord.). *A tutela dos interesses difusos*. São Paulo: Max Limonad, 1984.

——. Tipos de providências judiciais cabíveis. *In*: *Temas de Direito Processual*.São Paulo: Saraiva, 1984. Terceira Série.

MUNIZ, Regina Maria Fonseca. *O direito à educação*. Rio de Janeiro: Renovar, 2002.

NERY JÚNIOR, Nelson. A ação civil pública. *Revista da Ajuris*, Porto Alegre, v. 31, p. 121, jul. 1984.

——; NERY, Rosa Maria de Andrade. *Código de Processo Civil comentado e legislação extravagante*. 9. ed. São Paulo: Revista dos Tribunais, 2006.

NUNES, Luiz Antônio Rizzatto. *Comentários ao Código de Defesa do Consumidor*. 2. ed. São Paulo: Saraiva, 2005.

——. *O princípio constitucional da dignidade da pessoa humana*: doutrina e jurisprudência. São Paulo: Saraiva, 2002.

PÉREZ LUÑO, Antonio Enrique. *Derechos humanos, estado de Derecho y Constitución*. 6. ed. Madrid: Tecnos, 1999.

PINTO, Maria Hilda Marsiaj. *Ação civil pública*: fundamentos da legitimidade ativa do Ministério Público. Porto Alegre: Livraria do Advogado, 2005.

RIGAUX, François. *A lei dos juízes*. Tradução de: Edmir Missio, revisão da tradução de: Maria Ermantina Galvão, revisão técnica de: Gildo Leitão Rios. São Paulo: Martins Fontes, 2003.

ROBERTI, Maura. *Biodireito* – novos desafios. Porto Alegre: Sergio Antonio Fabris, 2007.

RODRIGUES, Geisa de Assis. *Anotações acerca da ação civil pública como uma ação constitucional*. *In*: ROCHA, João Carlos de Carvalho; HENRIQUES FILHO, Tarcísio Humberto Parreiras; CAZETTA, Ubiratan (Orgs.). *Ação civil pública*: 20 anos da Lei n. 7.347/85. Belo Horizonte: Del Rey, 2006.

RODRIGUES, Marcelo Abelha. *Elementos de Direito Processual Civil*. 3. ed. São Paulo: Revista dos Tribunais, 2003. v. 1.

ROJO, Raúl Enrique. La justicia en democracia. *Revista Sociologias*. Porto Alegre, n. 3, p. 96, jan./jun. 2000.

ROUSSEAU, Jean-Jacques. *Do contrato social*. Tradução de: Pietro Nassetti. São Paulo: Martin Claret, 2006.

SANTOS, Fernando Ferreira dos. *Princípio constitucional da dignidade da pessoa humana*. São Paulo: Instituto Brasileiro de Direito Constitucional, 1999.

SANTOS, Leandro Luís Camargo dos. *Curso de Direito da Seguridade Social*. São Paulo: LTr, 2004.

SANTOS, Moacyr Amaral. *Primeiras linhas de Direito Processual Civil*. 14. ed. São Paulo: Saraiva, 1990. v. 1.

SARLET, Ingo Wolfgang. *A eficácia dos direitos fundamentais*. Porto Alegre: Livraria do Advogado, 2003.

——. *Dignidade da pessoa humana e direitos fundamentais na Constituição Federal de 1988*. Porto Alegre: Livraria do Advogado, 2001.

——. O direito fundamental à moradia na Constituição: algumas anotações a respeito de seu contexto, conteúdo e possível eficácia. *Revista de Direito do Consumidor*, São Paulo: Revista dos Tribunais, n. 46, p. 191-244, abr./jun. 2003.

SATTA, Salvatore. *Direito Processual Civil*. 7. ed. Tradução de: Luiz Autuori. Rio de Janeiro: Borsoi, 1973. v. I.

SCARTEZZINI, Ana Maria. Ação civil pública. *In*: WALD, Arnoldo (Coord.). *Aspectos polêmicos da ação civil pública*. São Paulo: Saraiva, 2003.

SCHÄFER, Jairo Gilberto. *Direitos fundamentais*. Porto Alegre: Livraria do Advogado, 2001.

SILVA, José Afonso da. *Comentário contextual à Constituição*. São Paulo: Malheiros, 2005.

———. *Curso de Direito Constitucional Positivo*. 14. ed. São Paulo: Malheiros, 1997.

SILVA, Ovídio Araújo Baptista da. *Curso de processo civil*. 4. ed. São Paulo: Revista dos Tribunais, 1998.

SOUZA, Motauri Ciocchetti de. *Ação civil pública e inquérito civil*. 2. ed. São Paulo: Saraiva, 2005.

SOUZA, Sérgio Iglesias Nunes de. *Direito à moradia e de habitação*. São Paulo: Revista dos Tribunais, 2004.

STJ.GOV.BR. Disponível em: http://www.stj.gov.br.

STEINMETZ, Wilson. Direitos fundamentais e relações entre particulares: anotações sobre a teoria dos imperativos de tutela. *Revista da Ajuris*, Porto Alegre, v. 103, p. 333-345, set. 2006.

STRECK, Lenio Luiz. *Jurisdição Constitucional e hermenêutica jurídica: uma nova crítica do direito*. 2. ed. Rio de Janeiro: Forense, 2004.

TAVARES, André Ramos. *Curso de Direito Constitucional*. 2. ed. São Paulo: Saraiva, 2003.

TESHEINER, José Maria Rosa. Ações coletivas pró-consumidor. *Revista da Ajuris*, Porto Alegre, v. 54, p.75-106, mar. 1992.

———. *Elementos para uma teoria geral do processo*. São Paulo: Saraiva, 1993.

TJ.RS.GOV.BR. Disponível em: http://www.tj.rs.gov.br.

TORRES, Ricardo Lobo. O mínimo existencial e os direitos fundamentais. *Revista de Direito Administrativo*, Rio de Janeiro, v. 177, p. 29-49, jul./set. 1989.

WALD, Arnold (Coord.). *Contratos bancários de depósito em caderneta de poupança*. Descabimento de ação civil pública e irretroatividade da lei. Aspectos polêmicos da ação civil pública. São Paulo: Saraiva, 2003.

ZAVASCKI, Teori Albino. *Processo coletivo:* tutela de direitos coletivos e tutela coletiva de direitos. São Paulo: Revista dos Tribunais, 2006.

Impressão:
Evangraf
Rua Waldomiro Schapke, 77 - P. Alegre, RS
Fone: (51) 3336.2466 - Fax: (51) 3336.0422
E-mail: evangraf.adm@terra.com.br